张轩荣 著
Tony Zhang

敢说你懂 Sales 营销管理 Management

亲历跨国名企的管理趣事

上海交通大学出版社
SHANGHAI JIAO TONG UNIVERSITY PRESS

内容提要

本书整理了作者多年来在世界500强跨国企业零售管理工作中积累的诸多鲜活案例，并将这些内容有体系地呈现出来，分别讨论了招聘培训、目标管理、工作量管理、会议管理、客户管理、营销活动管理、团队激励与文化建设等七大营销管理要素，将枯燥的理论变成了有趣的生动读物，并对管理实务中的难题给出了具体的解决方案。

该书弥补了市场中既好看又实用的营销管理类图书比较少的现状，最适合营销主管和有志成为营销主管的人阅读，也可作为所有对管理感兴趣朋友的休闲读物，从中吸取"正能量"。

图书在版编目(CIP)数据

敢说你懂营销管理：亲历跨国名企的管理趣事/张轩荣著. —上海：上海交通大学出版社，2013

ISBN 978-7-313-09638-8

Ⅰ. 敢...　Ⅱ. 张...　Ⅲ. 营销管理—通俗读物　Ⅳ. F713.50-49

中国版本图书馆 CIP 数据核字(2013)第 086090 号

敢说你懂营销管理

——亲历跨国名企的管理趣事

张轩荣　著

上海交通大学出版社出版发行

(上海市番禺路 951 号　邮政编码 200030)

电话：64071208　出版人：韩建民

常熟市梅李印刷有限公司 印刷　全国新华书店经销

开本：787mm×960mm 1/16　印张：11.25　字数：205 千字

2013 年 5 月第 1 版　2013 年 5 月第 1 次印刷

ISBN 978-7-313-09638-8/F　定价：35.00 元

有关“梦想”｜代序

本书提笔开篇这天，恰好是2012美国总统大选投票日。我一早赶到办公室，迫不及待地点开了网站，关注起各州开票的实时战况。对于美国人民而言，这天有着极为特殊的意义，不仅是因为他们行使了民主权力，更是因为在这一天，将验证他们对这个民族又一个四年的美利坚梦想。

看着候选人一天出现在3个州参加6场集会玩命地拉票，看着选民清晨便在寒冷的投票站前排起的长队，看着纽约帝国大厦的塔顶用红蓝两种颜色显示着选票的实时变化。我明白，这已不单单是一场盛大的活动或旷日持久的筹款竞赛，而是一种植根于每个美国人心中的民主文化，这种文化时刻提醒着世界，这里充满着梦想。

临近中午，同事们陆续吃饭散去，我守在电脑前，就像盯着准备换手的股票价格一样，等待最后的结果。随着俄亥俄、科罗拉多等关键摇摆州计票结果的出炉，尘埃落定，胜者获得了 303 张选举人票，和我头一天的预测仅差 10 票。

第一时间，芝加哥民主党竞选总部召开了盛大集会。和四年前唯一不同的是，地点没有选在露天公园。主角很快到达现场，并发表了获胜演讲，依然是毫无悬念的精彩。我留意到，又一次，直播镜头前，很多美国人哭了，这其中既有黑人、白人也有黄种人。虽然已经是美国的深夜，在他们的脸上却找不到一丝倦意，闪光灯点亮了麦考米克(McCormick)会展中心，民主党支持者们相互拥抱，欢呼声响彻着整个会场。在别人当总统的盛宴中，民众似乎比总统本人还兴奋，因为他们意识到，"美国梦"是存在的。此刻，他们离自己选出的总统如此之近，就如同和自己的梦想如此之近一样。这种距离被拉近的感觉，让他们真实地感受到，这个世界有着无限的可能性。

写书的愿望在我，是早就有的。记得小学 3 年级时，老师问我有什么梦想，我说想要成为科学家，还要写自己的书。后来偷看到其他同学的答案，大伙几乎都一样。填鸭式的教育，让我们的头脑变得缺少创意。由于学习成绩不算拔尖，我很早就被告知，根本不是做科学家的料，便也不再去想了。然而，写作的习惯得到了较好的保持。大学时，几位志同道合的朋友对我影响很大，我做了校园记者，由于比较勤快能吃苦，后来居然还当上了记者团团长。毕业后，也给报社杂志投过稿。不过，写这本书，是最近方才下定决心的。我决心由此启程，追寻自己的一个"中国梦"。

谨以本书送给每一个怀揣梦想、努力拼搏的追梦人。

一本你看了就放不下的管理故事书 |前言

这个世界上，几乎所有的企业都做着同一件事：提供“产品”，这其中既包含有形的物品，还包括看不见的服务。多数企业里，说话最“响”的部门恐怕要算销售部，毕竟赚钱才是硬道理。正是这个部门的人通过对渠道或是终端客户的拓展与经营，将各类产品最终变成了企业口袋里白花花的银子。

面对激烈的市场竞争，作为销售部门的领导或是团队主管，在日常的管理中可能费了不少功夫开会总结但收效甚微，也许花了很多力气身先士卒却起色不大，在纠结郁闷的无尽折磨中，由于找不准问题的关键，渐渐身心疲惫，灰心丧气，甚至有些主管还产生了“不如做回销售员”的想法。

对内而言，企业对业绩的等待通常是颇为迫切的，主管如果缺少正确的方法，错误的尝试和探索只会逐渐消耗掉宝贵的时间，在公司里腰杆难硬不说，还赔上了青春与职业生涯。

自己在做管理的工作中，时常在思考：应该编写怎样一本既实用又充满趣味的书，可以帮助每天日理万机的主管们心甘情愿地放慢脚步，通过品味书中丰富的真实案例，去发现自己工作中的“短板”，并学习到营销管理中最管用的一些思路与方法。

就像一部真实细腻的电影可以使观众感动地落泪一样，原汁原味的亲身经历才是最能打动人心的。以我个人来说，刚毕业时就做了银行的一线销售，因业绩出色又当了团队主管。再往后进了总部，负责了一些大的项目(如麦肯锡项目)；陪同高管走访了不少城市，遇到过各种各样的管理难题；担任了总行讲师，在课堂内外了解到了学员的诸多困惑。这一路走来，在多家跨国银行中经历了不少管理趣事，这次拿出来一起与大家分享。

除了案例真实生动外，一本好书还应在结构设计上仔细推敲，以更好地帮助读者打开思路，从多个角度去全面理解书的主题。这就像我们去旅游，所谓“深度游”，就是不仅要留意这个地方哪里好吃，也要知道哪里好玩，还要学习这里的历史文化，这才算从各个方面比较全面地感受了当地的“风土人情”。

同样，本书章节的设计便充分考虑到了这一点，引领读者从多个维度去领略一位优秀的营销主管日常的精彩工作。从第三章起，每章的标题都是对主管一项管理工作的描述，也是主管应必备的一项能力。比如第四章“舵手”，就是讲“目标管理”这项必备能力的。全文很少有说教，所涉及的具体方法，几乎全采用案例的形式，通过真实故事来启发读者应该怎样做，以及为什么要这样做。章与章之间相对独立，读者可逐章阅读或直接跳到某一章阅读。最后一章聊团队文化建设这个话题，并给出了具体的解决思路。

本书是一本营销管理主题的故事书。可以猜想，一些主管朋友拿着她来对照自己的日常工作；一些业内朋友拿她做茶余饭后的休闲读物；还有更多朋友可能并不是做营销行业的，但出于对这个行业的兴趣或对外企工作的好奇，也买来一阅，相信都能收获到意想不到的快感。

这些年中，我得到了太太点滴入微的支持，她给了我一个最温暖的家庭港湾；我得到了四位长辈关怀备至的照顾，他们给了我巨大的鼓励；我得到了行内前辈的器重提携，让我有了更高的平台去领悟"管理"；我也得到了不少培训学员的认可与感谢，让我有了更加坚定的信心去传播好的经验。所有这些，是我完成这本书最大的动力。

最后我要感谢每一位读者，正是你们的口口相传，让好的思想和方法得到了传播与实践，并为更多奋斗中的朋友们送去了"正能量"，这才是我们这个时代最值得珍惜的精神财富。

限于时间仓促，作者水平有限，书中疏漏之处在所难免，欢迎各位前辈和广大读者不吝赐教。同时，也希望能以书会友，广结天下豪杰。

|目录| Contents

第一章　印记

那是一个夏日的午后，和客户约好了会面时间。他的秘书让我在门口等一下，说老板在电话上。结果，这一等就是近 2 个小时。其间我发了短信给客户，但却没有回复。秘书建议我不如改天再来。我拿起电话直接拨给了老板，结果，他只是淡淡地说："你们这些银行的人不要总找我了，烦不烦啊！"那一刻，我终于明白了一条宝贵的丛林法则：在你还很弱小时，没有人会在乎你的感受，尊重你的时间。在这些所谓"大人物"眼里，你什么都不是……

我渐渐发现，自己不再是行里的空气，不再那么可有可无，主动找我交流沟通的同事越来越多，甚至，我还有机会被安排给其他兄弟行的同事交流经验，这在我刚入行时是想也不敢想的。

第二章　有啥好管

一家中资银行的支行行长在每次开会时，都大谈执行力的问题。在她看来，管理是一个上传下达的流程化过程，在这个循环里，只要能"落实"到位，自然就可以得到期待的结果，最需要她做的一件事就是抓纪律。于是，行门口每天多了几个专门抓迟到的"特派员"，并配有奖励制度，每抓到一个，奖励该特派员 50 元。很快，迟到的人少了，但业绩却没有丝毫提升。

第五章　督导

的员工满怀期待，而让末位员工紧张甚至害怕。

第六章　主持

有一次参加位于渤海湾一个分行的营销会议时，主管问一名同事：“你已经好几次没有完成计划了，接下来你要想办法多做一些，知道吗？”该同事回答说：“知道了。”会议中的一场谈话竟然就这样轻松地结束了，我想问的是：好几次是几次？多做一些是多少？他打算采用什么样的方法去做？做到这些需要准备多少客户？多长时间回顾一次进度？

当发现某人低头玩手机，或某两人交头接耳窃窃私语时，可忽然停顿，并微笑地看着他们，什么都不用说。当现场一片安静时，他们自然会发现自己已经成了焦点，马上会收起手机停止交谈，乖乖坐正看着你。看到那些眼神木讷、精神恍惚的同事，可随时提点问题给他们，直至搞到他们清醒为止。

经过一天忙碌，晚上 6：00 左右迎来夕会。大家坐下来回顾，在刚刚过去的 8 个小时时间里，我们究竟做了些什么事？哪些做成了？哪些遇到困难了？好与不好的标准就是与早会计划的对比，是超额完成了，还是缺斤少两了，一目了然。

第七章　管家

以上海飞伦敦为例，头等舱的价格在 4 万元左右，而经济舱只需几千元，那么既然都是同时落地，为什么有人愿意多付 4 到 5 倍的价格呢？让我们走进头等舱看一下，就知道为什么了。

我有一个习惯，在客户拒绝了我所有提议后，我都会问问他是否有公司业务等其他方面的金融需求。由于我了解其他部门的基本业务知识，所以总能问出一些比较专业的问题，这令一些客户非常意外。我从不认为向客户推荐其他部门的产品是浪费时间。结果发现，每一个自己转出去的客户，都令我在未来的某一天得到了意外的回报。

小时候，起床后，我总喜欢套完一支裤腿后，再套另一支，时间是穿 1 条裤腿的 2 倍，也没觉得有什么不妥，直到被当过兵的父亲盯住指点，做了纠正。大了后我已然养成习惯：一次两条腿一起套上，同时就着向上拉的力，直接就在地上站起来了，多快好省。这样的生活小事情，也可以说明，原来，限制了办事效率的，往往是我们自己的思路。

接下来的事让我有点意外，这名客户竟异常执着，连续 2 周几乎每天来我办公室。我不厌其烦地同他多次讲了基金的风险和我所了解的情况，然而他依然我行我素，并且我本能地感觉到他带了录音笔，我的任何不耐烦或是语言瑕疵，都可能被他利用。

刚一开始，来参加活动的客户稀稀拉拉，每次不超过 10 人，但我们依然精心设计认真准备，力争在每一次的讲座中有所创新。很快，高品质的免费服务打动了周边居民和写字楼中的白领，越来越多的人走进了我们的讲堂。最多一次活动来了超过 100 位客户，我们现有的凳子坐不下，连门口鱼池上方的木板上都挤满了人，让我真切感受到口碑与品牌的力量。

前后一分钟不到，这位老外就默默离去了。第二周一早，这两名同事所属支行的行长刚迈进办公室，电话铃声骤然响起，一拿起听筒，便听到上海分行的一把手震耳欲聋的咆哮。究竟发生了什么事？

他的另一次“疯狂”举动是发生在他高烧39度的一天。夜里11点在打吊瓶时，他留意到斜对面的座椅上一位中年女性的着装气质不凡，“你好，认识一下，我是某某银行的某某，真巧今天正好也在这打吊瓶，以后你或者你朋友有什么理财需求欢迎找我。”我能感觉到，当时这位女士收好名片后，半天没回过神来。

过了两个月，我问他和医院中的这个女士有没有下文。“你知道吗？她是某某公司的销售总监，现在已经搬了100万到我们银行！”

另一家欧洲知名的银行则对文化有着不一样的理解。主管将每一个员工视为水，将制度视为改变水流的沟渠。对于管理者而言，重要的不是怎样把沟渠挖得更好看，而是怎样挖才能快速有效地将水引入到你希望它去的地方。

曾有一名美国男子，在新加坡的一处公共场所涂鸦，被法官判处鞭刑6鞭。在当时，此事件甚至造成了新加坡和美国的一个外交小摩擦。美国政府曾出面，连施压带求情。新加坡总理说：“看在美

第一章　印记

从一线员工到 Team Leader

这一部分读起来，会感觉有点像自传。在下一章开始正式论述有趣的管理实务之前，作为铺垫，有必要让读者了解一点我的过去，有趣的小故事。

真实有趣，这是我一直追求的表达方式。我很希望让读者了解，管理其实是充满乐趣的，这就仿佛我们的人生一样，如果你用心去领悟，每天都有不同的精彩。当我们尝试从不同视角去看一件事物的时候，人的创造力被触发了，随即，我们面前会出现一块立体的思想牧场，曾经的那些枯燥刻板的感觉消失了，我们甚至会为此而停不下来，这正是管理的魅力。

诸位准备好了吗？让我们开始这段愉快的探索之旅吧。

第一节　白眼

结束四年大学校园生活，踏出校门那一刻，我和好些同学一样，情感上自有三分不舍七分轻松。当时的我，是一个青涩的激情有余的毛头小伙子。

由于在校期间积攒了点小名气，我和另外一个哥们的照片被挂在学校大门口的宣传橱窗里，作为优秀毕业生代表，激励刚刚入校的新生。很快，我这哥们果断选择并动身去了我俩讨论过多次的理想城市——上海，而我，拿着当地一家报社和一家知名家电企业的 Offer，便回家乡去享受暑假时光了。

作者大学时获得全国"挑战杯"学术科技作品竞赛大奖，接受 CCTV 的专访

一天，我正和家人聚餐时，接到了这位哥们的电话，告知他已在花旗上班的消息。花旗银行？哇塞！这可是一个令当时的我分外神往的名字。片刻之间，我就从对哥们的祝贺与赞赏转入到一种焦虑。好友去了上海花旗，而我，就用这两个到手的 Offer 打发自己吗？这么思来想去，要强的天性让我来了状态，整个大脑瞬间被一个念头占据：去上海！数日后，带着尝试向命运挑战的心态和几件皱巴巴的衬衣，不甘心的我来到了闻名遐迩的上海滩。

上海，一个国际大都会，这个地方容易让人对自己的未来产生各种念想(有时可能是幻觉)，直到今天，我仍这样认为。拿着一张 3 元钱买来的地图，我一天内在浦西浦东跑了 2 个来回，走了四场招聘会，很幸运，在日落前，在浦西波特曼酒店(Portman Hotel)的外资企业专场，混过了检查人员(这场招聘会只对有工作经验者开放)，联系上了汇丰银行。还记得接到电话通知让我签Offer时，我兴奋地几乎从床上蹦了下来。后来将这段经历讲给太太听时，她的反应竟让我觉得自己那时有点白痴。

终于要说到本节的关键词“白眼”了。

汇丰的工作很快把我带入到现实的残酷竞争中。我开始感受到，哇，原来外面的世界如此之大，原来优秀的人如此之多，原来自己如此没钱，一个乐“闯”不疲有些癫狂的愣头青，该如何在这里生存呢？我很快陷入了前所未有的困境，从原本面对世界的自信满满转而开始怀疑自己了！直到发生让自己深受刺激的“白眼”事件后，成为那个阶段思想消沉的转折点。

“被刺激”这件事，最大好处就是能在你产生了自信危机的时候，为你送来醍醐灌顶式的清晰一击，助你彻底揭开阻碍自己正确判断的那层虚荣，之后，在所有人都不理你时，自己悄悄舔干伤口，获取更大的力量。而这种力量在我身上被放大了。

还记得，入职公司之初，经过一个短暂的、没人搭理的自学阶段，我约来了第一个客户，聊天中，他竟出乎意料地问到了牌价。牌价？自学时好像没看到这个词汇嘛，但我潜意识中感觉到这应该是一个常识性的概念。由于时间紧迫，我鼓足勇气，走向自己的Mentor(汇丰给每位新员工安排了1名师傅)。此前，她从未和我说过话。每一次，闻到她扑面而来的Channel香水味，看到无数次从我眼前晃过的LV挎包以及她那双高于8公分的Ferragamo红色高跟鞋，我都本能地把她归入到某一类我不爱打交道的人。但这一次，似乎不得不问她了。

“Daisy！”我轻轻地叫了一声。

“嗯。”她头也没抬，算作回应。

“不好意思，我想和您确认下什么是牌价？客户在外面等着，我蛮急的。”由于担心问题很幼稚，我明显感觉自己声音越来越小。为了避免惹她反感，又客气一句“麻烦了”。

她慢慢转过头来，上下打量了我一遍，然后又转回去，不屑地说：“你学什么专业的？这个也不知道，问别人去！”接着，她冷笑了两声，就若无其事地和她身边的同事继续大声地谈笑了。我愣在那儿，可能因为缺氧，忽然有点耳鸣，有点胸闷，有点……

下班了，同事们三五成群，欢快地奔向KTV之类的娱乐场所，开始了歌舞升平的夜生活。诺大的办公室只剩下我一个人，形单影只，孤独而无助，继续执拗地给每一个有希望的客户拨打电话，伴随着不断的拒绝声，负责锁门的同事催我离开。回家路上(准确地说，那应该不能称为家，是一个4平方米的没有窗户的，老上海石库门院子中的地下室)，走过热闹的淮海路，穿过熙熙攘攘的人民公园，望着渐渐被点亮的高层公寓，我忽然感觉自己根本不属于这个城市，万家灯火和我一点关系也没有，我讨厌这里，讨厌这儿的人，放下父母打来嘘寒问暖的电话，我再也忍不住，眼泪夺眶而出……

转变往往是从一次痛彻心扉的事件开始的。平静之后，我开始回忆自己当初选择到这里的原因，找寻最原始的力量，很快，有了答案，还是“不甘心”！不知为什么，忽然间，我近乎本能地预感到，就凭我，应该能在这里做出点样子，让那些小看我的人闭嘴。这时，我才发现，原来自信的火种从未熄灭。

努力是通向成功的唯一捷径。在接下来的日子里，决意拼搏的我像打了鸡血，每天打100通以上的电话，见3～4名客户，周末的全部时间都用来跑各种展会，在会场中与成百上千的潜在客户交流我们的产品与理财的观念。悉数参加了银行组织的各次营销活动，特别是别人不愿去的地方，我都要求去。还记得一次参加陆家嘴举办的奢侈品展，当时不巧正赶上我头一天左脚崴了，肿得鞋也套不进去，但硬是咬牙坚持，一瘸一拐来到现场，踉踉跄跄地追着那些衣着光鲜的富太太阔老爷们介绍理财产品，直到整个场馆清场，我才感觉脚踝钻心地疼，从展馆一步步挪出来。第二天，朋友看到我，一阵唏嘘，问我何必呢。

我试着让自己去享受过程中的苦，渐渐地，看着下班后一批批有说有笑从我身边经过的同事，竟自心中生出一丝喜悦和庆幸，因为我可以有更多时间和机会比他们做得好，我确信我能胜过他们。

营销的过程从来不是一帆风顺的，波折坎坷是家常便饭的事。在这个阶段，我不仅习惯了看同事的"白眼"，更学会了看客户的"白眼"。多少次被骂出别人的办公室，多少次忍受客户轻蔑的侮辱，其中有一次，我记忆特别深刻。

那是一个夏日的午后，终于和客户约好了会面时间。我坐了近一个小时地铁，汗流浃背地准时赶到了客户在浦东金桥的办公室。他的秘书让我在门口等一下，说老板在电话上。20分钟过去了，我凑上前，请她帮我再看看老板是否方便了，她拨完电话后说老板又在开会了，让我再等等。结果，这一等就是近2个小时。耐心在被一点点消耗，其间我发了短信给客户，但却没有回复。终于，我又起身询问秘书，不料她说他们老板下午很忙，建议我不如改天再来。很忙？我等了这么久，一句很忙就打发了？忙出来打个招呼行不行？这根本就是不想见嘛！愤怒的火苗迅速窜上我的心头，感觉被耍了，再也不能忍下去，拿起电话直接拨给了客户，结果，他只是淡淡地说："你们这些银行的人不要总找我了，烦不烦啊!”那一刻，我终于明白了一条宝贵的丛林法则：在你还很弱小时，没有人会在乎你的感受，尊重你的时间。在这些所谓“大人物”眼里，你什么都不是……

在回公司路上，我对自己说：张轩荣，你一定要挣口气，不要和那些不把你当回事的人斗气，更别去争论什么谁是谁非。相反地，应当记住这些刺激过你的人，他们是一面很好的镜子，让你清楚地知道自己几斤几两。有朝一日，我们强大了，应该当面感谢他们，如果不是因为他们，我们或许还自我感觉挺好。

第二节　掌声

太多次雨打风吹，太多次孤单寂寞，半年后，回报终于逐渐显现出来。经过持续的耕耘，行内的业绩排名板上，贴在我名字后面的小草莓越来越多(1 个小草莓代表 1 个贵宾客户)，很快，我的橘子也多了起来(1 个橘子代表 5 个小草莓)，此后相当长的一段时间里面，我的橘子都是那里最多的。我疯狂地爱上了这些橘子，因为，它是那时的我与领导和同事交流的语言，我甚至等不及回行亲手挂上它(当我在行外成功签单后，我会打电话请同事帮我挂)。入职汇丰的第六个月末，我成功地帮助我的第 56 名客户开设了贵宾账户，购买了理财产品。之后，长时间保持着平均每个月近 10 个贵宾客户的开发速度，我的成绩稳居我们区的第一名，并由此获得了晋升高级理财顾问的机会。

我渐渐发现，自己不再是行里的空气，不再那么可有可无，主动找我交流沟通的同事越来越多，甚至，我还有机会被安排与其他兄弟行的同事交流经验，这在我刚人行时是想也不敢想的。还有就是我的

Mentor，我们也成了很好的朋友，其实，她也不是我一开始想象的那种人。我忽然发现，原来，这个世界从来不曾改变过，改变的是自己的心态。心态变了，你的世界也就随之不同了。

转眼间，若干年过去了，往事并不如烟。在这里，我想特别感谢在我刚步入社会时，培养过我的汇丰的领导们：Richard Li，Rick Feng，Laura Ye，Penny Tao，Even Quan，Michael Yan；那些陪伴我一起走过难忘岁月的可爱的战友们：Carol Cui；Daisy Zhang；Winston Lv；Haze Shi；Tina Jiang；Terd Lu；Winny Zhao……还有职业生涯之初，这些伴随着汗水泪水的艰辛和磨难。所有这些，刻下了我深埋在心里的那段异常美好的印记。

作者与汇丰集团亚太区主席郑海泉

回忆如此亲切，但我不得不就此打住，因为从下章起，一些故事将有条理地贯穿在各篇章节中，大家会看到许多鲜活的、真实的案例，也会看到部分稍显学术的陈述，但无论如何，我都真心希望能够给业内朋友带来一些有价值的思考，也为其他行业的朋友提供一点可以借鉴的知识，共享探索营销管理的奇妙乐趣。

第二章　有啥好管

要说清楚怎么管的问题，先得讲明白为什么需要管理的原因。

大家别以为每个主管都认为管理是一件理所应当的事。我曾经出差去一家分行做管理工具培训，课程讲毕，快到饭点了，参加培训的主管们匆匆散去。分行副行长请客，我俩边吃边聊。他调侃地问到："你们天天说的要加强管理是真的假的？你不会真这么想吧，老兄？那些差的自然淘汰喽，管他们那么多，人家又不会说你好。有那时间，不如总行多给我们些产品和钱，我去其他银行挖几个能干活的不就搞定啦?! 来来来，吃菜吃菜……哈哈哈。"

这个分行比较小(下辖 2 家支行)，开行近 4 年，分行零售管理资产仅 3 亿多，存贷比不足 50%，平均净息差率低于全行平均水平，人均中间业务收入完成率严重落后于时间进度。

能力的提高固然重要，但是，驱动我们提高能力的动力，来自于对管理工作的正确理解。回上海的飞机上，我一直琢磨，如果这个分行领导这么想，那么分行各个部门主管会怎么想？他们的支行行长会怎么想？如果一个新员工入职后，发现这里没人教他方法，没人关注他成长，没有批评更没有鲜花掌声，不过是一座养老院，他会怎么想？如果大家都这么想，那将是怎样一种文化？在这种氛围之下，队伍怎么打造？怎样和其他竞争者抢食？怎样能够挣钱盈利？

除了那些骨子里不认同管理的，还有一种是表面认同管理，但却停留在比较初级的理论阶段，不愿花时间深入研究，以为看了几本励志书籍，开会训训下属，就可以把管理做好的人。

记得一家中资银行的支行行长，在每次开会时，都大谈执行力的问题。在她看来，管理是一个上传下达的流程化过程，在这个循环里，只要能“落实”到位，自然就可以得到期待的结果，最需要她做的一件事就是抓纪律，她认为，纪律是保证落实的唯一要素。于是，行门口每天多了几个专门抓迟到的“特派员”，并配有奖励制度，每抓到一个，奖励该特派员 50 元。很快，迟到的人少了，但业绩却没有丝毫提升，她不免有些困惑，在和中层干部的沟通中，她不断强调着对他们的失望，强调要继续“狠抓落实”。此后，在她偶尔参与的部门会议中，主管们纷纷效仿她说话的样子，和他们的客户经理说“你们要认真落实我下给你们的指标”，她很满意，陪自己的客户喝酒去了。然而，又一段时间过去，支行整体存贷款规模并无明显提升，支行排名开始下滑，人员流失率却逐步上升。

这位行长的问题在于，她不明白，其实根本没有人明白如何才能落实，更不清楚落实后的好处。她不了解行里有多少人关注自己的业绩排名，不掌握每个人的职业规划，不分析业绩报表，不了解数字背后的含义，不清楚营销会议究竟怎么开才有效率，不检查销售人员的日常工作量，不提供同事们所需的培训……她所擅长的，就是处处摆出高人一等的领导架势，挥舞着权力的大棒随时随地发号施令，给人看脸色。最终，她创造了一项纪录，在她担任这家支行行长的头3年中，15个同事陆续离职，其中竟包括2名保安。

作者在和同行交流

事实上，这不是个别现象。由于一些主管错误地把“当主管”理解成了“当官当爷”，不能踏实地、专注地投入到带人育人、打造管理体系的宏大事业中去，而仅将目光和精力用在了短期的“大单”和媚上欺下的权术当中，并乐此不疲不能自拔。觥筹交错的应酬是他们的主旋律，而管理却逐渐沦为开会时掩人耳目、冠冕堂皇的漂亮说辞。这些人享受这个过程，陶醉在这种随心所欲的快乐之中，某一天，当这种平衡被质疑所打破时，他们必定本能地抵触，因为保持现状，坐稳位置，等到年终发奖金才是他们首要关心的事。经过这批人长期不懈的“努力”，在他们的言传身教下，管理的本来面目就这样被肆意地扭曲了，甚至被一些年轻朋友理解成行政的、抽象的教条，离我们的工作生活越来越远。

不过，我相信选择本书的朋友，很可能是对管理有兴趣，亦或是对我这个还陌生的名字有些好奇的人。任何乐趣的产生，必定是源于内心的喜爱。勉强得来的，不幸福。所以，在展开下章前，我劝那些本身对精细化管理并不认同，同时也不想刨根问底，一探营销管理究竟的人，可以趁早就此打住，不要浪费了自己的宝贵时间。

从下章起，我们将对营销管理的各个要素做层层分解，正式进入到各个具体要素的分析讨论。

第三章　伯乐

人员管理

让我们聚焦管理的第一个环节——招聘，或者说，管理者的第一个角色——招聘官，这是整个团队管理中最基础，也是最重要的一个环节，它将是后续一切管理要素正常运转的前提。

作为主管，我们不仅要在头脑中建立起清晰的人才观，点好兵播好种，也要在日后辛勤灌溉用心培养，助他们找到自己最大的价值，做一个知人善任的伯乐，日后人家一说起你，就竖大拇指。常言道：千里马常有，而伯乐不常有。选人工程堪称伟大，让我们投入地了解一番吧。

第一节　大兵小将——招对的人

很多主管在和我聊天中遗憾地提到"又看走眼了"。

我问："你想找什么样的人？"

"当然是能做业绩的人！"他们往往这样说道。

"那么这个人怎么就看走眼了呢？"我追问。

对于这个问题，通常会听到三种典型的回答：有的说“扶不起，真是看错了”；有的说“管不了，总和我对着干”；还有的说“推不动，心眼多又爱偷懒”。这碰巧代表了销售团队中的三类典型人群。在我送出解药前，先分析下这三类人的显著特点。

销售团队中的三类典型人群

第一类：扶不起

我们必须要承认，不是每个人都是适合做营销的。这个简单的道理，我却花了很多时间才相信。我曾天真地认为，只要有耐心，员工都是可以被我们逼出来的。但经过几次亲历的教训后，我发现，这种想法过于武断了些，风险很大，且可能付出高昂的时间成本。

一个例子发生在汇丰，我招了一个备受争议的人，主要看中了她的踏实。在之后的6个月里，尽管她业绩方面表现平平，我依然游说老板，批她通过了试用期。作为回报，她工作更加努力了，但一个月过去，几乎仍无起色。营销部门指标很重，客观上，形势已很难容我再等下去了。我安排了很多培训给她，安排有经验的同事陪她见客户，带她参加外部活动，和她谈心。又一个月过去了，大家期待的变化依然没有发生，我和她都很痛苦。我在会议室里单独问她：我们到底哪里出了问题？她竟开始抽泣，而后很快转成嚎啕大哭，只一直重复着一句“对不起团队，拖累大家了”。此后，一如既往，她每天还是最早到办公室，最晚才下班。我很欣慰，因为，她还没有放弃。

大约是她来银行第9个月的一天，我们要搬新的办公室，大伙正忙着收拾办公用品，她叫住我，说想单独和我谈谈，我有种不好的预感。果然，她提出了离职。按道理，我应该高兴，这对彼此都是一种解脱，而且能快速提高我们团队的人均业绩。然而，看到她回去帮其他同事打包资料和文具的背影，那一刻，我内心却非常难过。我知道她离开后可能很长时间找不到工作，她家条件不大好，还有个弟弟需要她挣钱抚养。这可能是我的错，早知今日，何必当初呢！也许从我决定招她的第一天起，这一切就已注定。这让我第一次强烈地意识到，挑准人是多么的基本与重要。

第二类：管不了

这类人让我们看到了员工的另一个极端，其显著特点是在思想和行为上均不愿受任何约束，并且特立独行，常常与主管作对。不可否认，一些极其出色的客户经理有时恰恰来自这个群体。但是，他们中的多数人可能不是那么出色，却时时处处表现着自以为是，并且用很多时间来研究如何制造语出惊人的效果，以便引人注目，最后这样的行为演变成一种习惯，一开口便能震惊全场，然后满足地离开，但其谈吐内容却经不起内行人的推敲。

一次，作为与麦肯锡银行项目的项目负责人之一，我陪同该公司的全球董事去上海浦西的一家支行走访。为了加强与总行以及咨询方的沟通，支行行长特意召集全行员工，召开了一次业务座谈会。在结束了一段项目背景的介绍后，该董事问到，针对该项目，大家有什么期待或建议？同事七嘴八舌，有的说希望多一点培训，有的说希望分行多提供些营销渠道。这时，一位“发胶男”（头上的发胶多得发亮）猛然站起来说道：“＊＊银行代发的＊＊基金近期收益已达到6.435％，而我们还在卖三年期产品，这让我们怎么竞争啊，我手上一个2000多万的大客户就这样刚走掉，你们知不知道，客户都是很现实的，讲别的其实都没用。”片刻静寂后，其他同事开始窃窃私语，有的笑出了声。

再看“发胶男”，只见这位兄弟满脸洋洋自得的笑容，又继续玩他的手机了。此前，我已留意到，从会议刚开始，他就一直在专心玩手机。看得出，他们的行长颇有些尴尬，连忙出场解围，会后跑来跟我说不好意思，这人她管不了……

我向来欣赏喜欢主动发言的同事，但就“发胶男”而论，稍有点银行工作经验的同事便不难发现，他的言语中，漏洞百出，有太多蓄意误导的成分，比如把不同类型产品随意比较，刻意夸大事实，武断地认为产品报价是提高业绩的唯一手段等。而这样一次并不高明的哗众取宠正好符合了其他同事的猎奇心，特别是听到他煞费苦心，把其他银行的收益精确到小数点后3位时，竟对他产生了一种莫名的认同。我立刻在随身携带的业绩报表中，查了一下这个人的业绩，如我所料，果然不是那么出类拔萃。因为，那些顶尖的人从来都是谦虚的、积极的，并时刻想着“方法总比困难多”的那群人。

第三类：推不动

这类人其实是企业中最为常见的，没有明确目标，缺少进取意识的人。这类人抱着“我还不是最差那个”的念头，每天嬉皮笑脸地在你面前出没，堂而皇之地做一天和尚敲一天钟。他们往往人缘不错，流动性较低，只要大环境还可以熬，他们宁愿混到退休的那一天。

一次业绩走访，我们来到一家地处闹市区的支行，由于会议还没开始，我便来到大堂营业厅转悠，与当天值班的一位理财经理攀谈起来。

我问她，“来银行多久了？”

“三年多了。”她答道。

“那你目前盘里有多少贵宾客户？”我进一步问道。

“好像15个吧，我也没细数。”她若无其事地回答说。

“你对你的业绩满意吗？”我进一步追问。

“一般吧，肯定不算好，我其实也有很多困难，比如……”她似乎打开了话匣子，开始罗列她的客观原因。

这样的人不是第一次见到了，我知道她的问题在哪里。为打消她的顾虑，我微笑地注视着她的眼睛，压低声音问道：“你感觉你喜欢这份工作吗？不要紧，说实话，我不会和你行长说的。”

她显然没有思想准备，稍做停顿后，选择告诉了我心里话：“哎，我其实一直想做后台，工作稳定又没压力。也不知当时入行时怎么回事，也没跟我细谈，就让我做了客户经理。如果将来有机会，我还是想申请转岗的，不过现在做得也挺舒服。”

果然不出所料！末了，我问了她一句：“那你不担心被淘汰吗？”她很镇定：“这个绝对不会的，有几个老客户定期会来买产品，我的综合得分再差也能保个中等，要淘汰也轮不到我。”

她的回答很真实，代表了很多业绩处于中游，在团队中扮演“鸡肋”角色的人。根本原因是他们内心不够热爱这份工作，却又没有勇气踏出追求自己理想的那一步，于是，为了在亲友面前有个体面的名声，获得一份稳定的收入，误打误撞进了银行。在这里，忽然间找到了一种“安全感”，如果再加上一点资源，对他们而言简直太完美了，这样就可以有恃无恐地混着。慢慢地，他们开始记不清当初的梦想，取而代之的是一套打太极混社会的表面功夫。他们说服自己，堂而皇之地在银行里做起了金融界的“老中医”，一天天消耗着自己的宝贵青春。

作为主管的我们，当亲手把这类人招进队伍时，麻烦就开始了。

我很好奇的是，在咱们中国，有一个现象表现得特别突出，就是越来越多的人读书不是为了增长学识开拓视野，而仅仅是为了找到一份更“理想的工作”。且他们中的大多数，对理想工作的定义就是所谓的“稳定”。说白了，要的就是可以准时上下班，活少钱稳，不求高薪，但求抱着这个饭碗时心中的那份“安全感”。

不久前，哈尔滨市面向社会公开招聘 457 名环卫工，竟有 11539 人蜂拥而至，这其中还包括了 29 名研究生，是他们真的热爱环卫事业吗？为了一探究竟，有记者采访到了他们中的一位，问他为什么报名应聘，答案颇具部分中国青年的特色：“主要因为是体制内的编制，稳定，还能落户，父母也觉得不错。”

根据相关统计，在美国，大学生中 3%愿意报考公务员；在法国，这个数字是 5.3%；在新加坡，只有 2%。在日本，就业倾向公务员排在榜单第 53 位；在英国，公务员甚至进入 20 大厌恶职业榜；而偏偏在咱们中国，竟有高达 76.5%的大学生愿意报考公务员。My god!

华人首富李嘉诚先生曾经告诫所有年轻人：这个世界没有什么不变的“稳定”，当你年纪轻轻就开始追求所谓的“稳定”时，那往往是你“不稳定”的开始。

让我们记住李老苦口婆心的忠告吧！

什么样的人是“对”的人

一些主管在招人时有着特殊的习惯。有的主管比较主观，只喜欢招与自己有相同背景的人；有的主管对富二代有着特殊的偏好，认为有资源上手快，只要一入职马上就能带来业绩；还有的主管对穷二代情有独钟，认为他们相对更能吃苦，有迫切改变现状的客观需要，等等。

在过去几年中，我招聘了超过50名销售人员，其中也有和上述三种类型相似者。总体来说，有成功的，也有不很理想的。我要强调的是，看人切忌先入为主一概而论。比如，有的富二代虽然家庭富裕，但自身也非常努力，主观上认为富裕是父母的，幸福要自己创造，之后利用良好的物质基础作为起点，很快脱颖而出；而有的富二代做不了几天，感觉压力大，想想家里又不缺那点钱便拍拍屁股，一走了之。这些实例让我认识到，选人是一个高技术含量的活，没有一成不变的规律可循，而需要在实践中一点点摸索，寻找适合你的员工。

有的人告诉我，应该选那些"目标明确的人"，我说不见得，因为亲眼见过一些相对不是目标导向型的人，但由于不服气的性格，不愿落在人后，而业绩卓越的情况。也有人说是"性格要外向"，我说也不一定，因为我们的确见过不少性格不是那么外向，但深得客户信任和喜爱的人。通过大量的面试和日后的跟踪观察，我将优秀者身上的充分条件与必要特质进行了对比，渐渐地发现，大多数顶尖销售（Top Sales)的骨子里有两点共性：不服输的劲头和直面挫折的韧性。

看历史教科书，最令人热血沸腾的，就是陈胜吴广在秦末举兵起义时，喊出的那句流传青史的"王侯将相宁有种乎"。为人者，不能没有一点精神！求职者中那些不甘心现状的人，才是我们招聘中的首选。很多时候，你问应聘者"你未来有什么打算?"都很难得到一个清晰的回答。试想一下我们自己，我们能把未来10年20年的事盘算个八九不离十吗？恐怕很难(但这并不代表我认同人可以没有目标，我将在下章中详述)。假如因此错过一个血液里流淌着"不服"性格的人，那实在是可惜。因为，这往往是一个成就事业者最原生态且最为宝贵的素质之一。早晚有一天，他会凭借这一特质在某个领域摸爬滚打走到前列，而后再结合自己的聪明才智进行一定的创新，将其发展成为自己毕生的事业。

曾经招过一个江苏女孩，我看中的正是她身上的这一点。虽然乍一看，在那批新人的简历中，她并不是最闪亮的那个，面试时也说不清自己想要什么。但当我问："假如你成功入职，在一个 100 人的组织中，你感觉自己能排名第几?"时，她的回答让我非常满意："第 5 左右，不说第 1 是因为考虑到总有些人有特殊的运气。"

当然，后来她做到了，并连续多个月保持在华东区第一名的位置。读者一定感兴趣，这个貌似平常的江苏女孩为何能有如此一番作为，这是为什么?

在工作中，她最常问我的话是："凭什么让他去参加这个活动而不叫我?""凭什么她有这份奖励我没有?""凭什么选他上台演讲，我感觉应该选我!"等等，真可谓当仁不让。

请注意，类似的话，有些人可能会像她一样说出来，有些人则选择放在心里，但重要的是，这类人具有一种本能的竞争意识和与众不同的感觉，这不是自命不凡，而是冥冥中仿佛受到了某种召唤的使命感，正是这种意识与感觉，使他们迸发出忘我工作的强劲动力，成就了一批又一批儿女英雄。80 后的她正是其中之一，现在已去一家中资银行担任科长了。

韧性这东西，似乎很难在面试时考察，但依然可以在简历中发现蛛丝马迹。我曾面试过一位应届毕业生，他在简历中提到，上大学时开设了武术社。由于觉得好奇，就多问了几句，我这才知道他以惊人的毅力，连续 10 年坚持每天早上 6 点起床，晚上慢跑 30 分钟。在大学里，喜爱武术的人其实不多，而如果学员少，吸引赞助搞活动就很难了。他从未灰心，找潜在赞助商一家家去谈，并给他们寄去了自己的录影带和社团资料。终于，在毕业时将武术社办成了学校最出名的社团之一。入职后，这种坚韧的性格，对做好营销起到了关键性作用。如今，他已从一个对金融比较陌生，起步较慢的底层销售，成长为一家颇具规模的PE私募股权投资公司的渠道总监。

以上事例，包含了招聘环节中较为重要的问题与应对思路，目的是要让读者朋友们面对应聘者时，有能力区分哪些是营销人才核心的素质，哪些是锦上添花的参考点。在与面试者的交谈中，有能力拨开简历中的种种修饰，通过设计问题，层层深入，寻找其是否具备核心素质的答案。

第二节　打好基础——培训好你的员工

经我们的手来到公司的新人，我们应当持续地加以呵护和培养，就像照顾一颗自己精挑细选的种子一样。当他们缺水时，我们忙着为他们浇灌；当他们营养不良时，我们立即给他们施肥；当他们长歪时，我们架起一道网，保证他们始终在正确的方向上成长。若干年后，当他们已经成长为其他公司高管的时候，我打赌，你会非常有成就感。

怎样的培训才是有效的

在谈到培养这个主题时，让我们先来一起看看第一个关键词“培训”。关于培训，这是一个可以用整本书来讲述的话题，我们欣喜地看到，在很多大企业里，都设有专门的培训部门，负责员工知识与技能的提升。那么，我们就来看看，这样的配置是否有效地发挥了作用，是否对员工的日常工作真正有所帮助呢?

第一种现象叫有部门没课程,之所以出现这样的“皮包部门”,问题往往源于高层管理者对培训没有清晰深入的认识,而非缺少资源这么简单。曾经去一家城市商业银行朋友的办公室做客,他向我抱怨说,他的客户经理营销能力太差,简直令他无法忍受。我问他是否给这些客户经理安排了必要的培训,他说培训部门很忙,人员有限,一年下来安排不了几次培训。跳进泳池中才能学会游泳嘛,本着这个思路,行里就赶鸭子上架,让他们先对着客户碰运气。

对于各家机构垂涎已久并早已频繁联络的那些大客户,你如果准备不充分,唯一结果便是惨败而归,并且还会失去再次接近该客户的机会,白白将得之不易的机会拱手送给竞争者。我曾经的一名“战友”,在刚入职的第二天,就忙着给客户推荐产品,结果这个客户正好是长期做投资的专业人士,懂得比她多,没说两句,就发现谈话很难进行下去,只能仓皇收场,落荒而逃。

培训部同事的前线实战经验往往比较有限,业务部门的主管要

东亚银行总行授予作者讲师资格证书

学会引导他们的工作。除必需的产品课程外，哪几类课是应当着重向新人推荐一定要上的呢？比如名叫《关于我们的公司》的圆桌会议。我几个刚毕业就认识并仍在联系的朋友，就是在这个会议中认识的。这是对新人进行文化熏陶，确立其对公司整体感觉的内部平台，机会难得。可惜，有的机构不太重视这一课。年头多了，同事们就会讲啦：来这家公司这么久，也不知这公司取得了什么成绩，她的文化和理念是什么？核心竞争力是什么？未来的方向究竟在哪里？

另一门课《Spin 销售通用课程》（一些公司也起名叫《销售六步曲》），是全球著名营销大师尼尔·雷克汉姆(Neil Rackham)先生历时12年，耗资百万美元的研究成果。由于实用性强，它已成为越来越多跨国企业营销培训的必修课程。我们常常遇到一些同事满腹经纶，但一开口客户就反感，究其原因，是没有掌握正确的营销思路。口才这东西，除了辞藻以外，很大程度上取决于组织思路的能力，而这门课正好是探讨客户经理应该以什么样的思路抓住客户、引导客户并最终促成交易的。

再有，《如何做好交叉营销》课程，也正被越来越多的公司所追捧。我们知道，公司的在售产品往往不止一种。以银行为例，针对个人客户的产品有基金、保险、信托、结构性理财，也有贵宾卡、借记卡、信用卡、网银，还有按揭贷款、经营性贷款，等等。只做一项产品难以生存，而胡子眉毛一把抓却哪项都做不好，怎样吃透产品间的内在联系，通过交叉营销提高客户“粘度”，这是拓展客源，做好高效营销的一个突破口。

另一种现象是：有部门有课程，但缺少实战经验的讲师。作为培训中最为重要的一个核心要素，讲师的水平高低与效果直接相关。不少同事反映,不爱参加培训的关键原因是讲师讲得很无趣,如同和尚念经。所以每次接到培训通知简直像做噩梦。对此,我自己也深有体会。

那次在杭州,某外资银行举办的关于"打造企业品牌价值"的培训。讲师一亮相,就把在场的人惊得不轻。只见他,上半身套了件至少43码的衬衣(我目测他的身高应该在170mm左右,偏瘦),下半身穿了条裤脚扫地的灯芯绒长裤,头发肯定是很久没洗,一条条紧紧黏在头上(由于我常做培训,因此对讲师衣着穿戴等细节比较敏感,并非挑剔)。谁知,他径直进来后,看也没看我们,瞄着台上的椅子,一屁股坐下去。那架势,不由得让我想起上小学期间,有一位特严厉的老师进教室上课时的情景。而后,他讲的东西更是索然无味,基本是照教材念的。当然,对于大家的反应,他也有充分的心理准备。在近一半人睡觉,一半人玩手机的会场,这位仁兄竟用一个节奏一种音调,孜孜不倦地念了近2个小时……

这个例子有点极品。不过,我发现企业营销类讲师们当中,很有一些是缺少实战经验或并不热爱培训的人,这些讲师往往摸不清学员爱听什么,不能站在学员的角度,设身处地去理解思考:什么才是他们真正需要的,什么风格才能吸引住他们。同样,这些人也不太关心培训的效果,要么把简单的内容讲得无比复杂,让那些来听时还懂一点的人,听他讲完后反而彻底不懂了;要么照本宣科,敷衍一番,草草了事,很容易让惯于风雨中奔波的市场部同事感觉厌倦,哪里还能静下心来听呢?

让人无处可躲的通关

培训与通关本就应像一对兄弟一样同时出现,培训是基础,"通关”则是很好的一次对培训效果进行追踪与检验的机会。这个概念最早源自保险公司，而后在不同行业机构多有实践并屡试不爽。

我第一次正式接触通关，是在银行请保险公司做的一次银保培训。那次培训课上了一整天，讲师授课部分在下午2点结束，而后的3个小时，我们将大约20个学员分成4组，一个一个进行模拟角色的通关。培训老师扮演客户兼评委，作为主管，我也被安排在一组进行打分。这不是走过场，一开始，我们就有设计，在第一轮中，让表现较弱的50%，也就是10个人不能通过。由于规则是事先说好的，所以大家也听得格外认真，都希望能结束后早点回家。一个小时下来，一部分同事开心地回家度周末了，另一部分表现得不尽如人意，留下继续下一轮。第二轮的通过率是80%，意味着大多数人可以通过。有了第一次经验，大多数同事的表现都有不同程度的提高，在等待自己通关的过程中，他们自发地拿出学习资料，和周围同事积极探讨其中的细节，生怕成为最后剩下的那2个人。一个小时后，又有8个人过关了，仍未通过的2人只能滞留到最后，可想而知心里压力有多大，因为他们的行长和上级主管都被要求陪着，直到通过为止。

通关的好处就在于将问题暴露在阳光下，让人无处可躲，这就像退了潮的沙滩，你可以清楚地看到谁没有穿泳裤。

通关的过程其实是一次角色演练的过程(即外资银行常说的Role Play)，只是为这个过程加了一个成功的期限。很多顶尖销售(Top Sales)都沉迷于这一过程，并把这当成训练自己营销技巧的最好方法之一。第一章提到的那位哥们，我的大学同学，就是很好的例证。

那个时候，外资银行还未开放人民币理财业务。他和我在不同的银行做着相同的工作。下班后离开办公室，我俩的行踪也差不多，随便来点快餐之类匆匆吞下，就立即奔赴商场、酒店甚至银行的ATM去接触客户，通常回家就已经很晚了。反正那会儿，我是一进房门倒头就想睡觉的。可常常是午夜12点刚过，我就被他一个电话叫醒："睡什么睡！"不由分说，拉着我陪他做角色演练。他的声音听上去，就像刚喝过酒一般兴奋，入戏很深，让我模拟他的客户，提出各种要求或意见，你来我往，直到他觉得可以完全说服我，才肯罢休。后来，他成为花旗亚太区理财经理排名第一的牛人，一个重要原因，就是他有这种近乎疯狂的执着进取精神。

在做管理的过程中，我惊讶地发现，不是市场真的已经困难到卖不出去产品，而是一些同事由于日常缺少训练，对产品不够熟练，对自己的话述没有把握，缺少底气怕被拒绝，自己把自己吓死了，根本没向客户做应有的介绍。而科学的培训和持续反复的通关训练，为改善这一状况提供了十分有效的方法。

由于一些分行零售业绩综合排名落后，被纳入了需要观察的范围，我们的目光也在第一时间投向了他们。经过一段持续的关注，沿海地区一家分行的做法引起了我的注意。起初，他们对培训与通关的训练并不热心，甚至是抵触的，后来却从中尝到了甜头。

他们行有个特点，客户经理的入职年限都比较长，但人均的产能却一直提不上来。在前期电话沟通中，他们的主管认为，当地银行市场竞争充分和我行理财产品的定价这两个主要因素，制约了其零售业务的发展(绝大多数银行都会找这个理由)，并且似乎对此深信不疑。终于有一次，我与一位产品经理来到了这家分行，抓住机会与客户经理们进行了面对面沟通，结果令这位主管大为吃惊。

总行在推出每项新产品后，都会组织电话培训。可是，如果主管认为同事们在线收听一次，就能解决如何营销好该款产品的问题，而后可以不管不问的话，出岔子是早晚的事。在很多综合性的支行，行长的特长在对公业务上，对零售的理解还停留在抓几个大单，请几个有资源的人拉拉存款的阶段。有时不是他们不想管，而是确实不清楚问题到底出在了哪里。这就需要学习零售管理的方法，找出问题的关键，并采取持续的改进措施。

这家分行在听完我们的建议后，积极实践创新，分步骤地展开了如下工作。首先，通过一轮通关摸底，将分行 12 名理财经理的产品知识与营销话述水平进行了分类，这在他们分行还是头一次。在这轮排查中，他们邀请了所在区域的产品经理作为主考官，很快，潜伏在队伍中的 4 名对产品几乎不了解的员工浮出了水面，分行进行了通报，并将结果以邮件形式抄送给了分行的一把手。随后，在这 4 人中，其中 1 人提出离职，1 人提出转岗，显然他们还不太习惯有人较真地去探究他们的水平，没费周折，这些垫底的员工就主动离开了团队。

接着，分行将每周三规定为产品信息分享日，在会议的上半场，大家一同讨论近期产品的特点，并且要求每人都要发言，从现阶段市场上其他银行的产品情况，到分析我行产品的卖点，再到研究客户可能出现的异议和产品的潜在风险等，从各方面展开头脑风暴。下半场的重点转入到话述练习，由讨论阶段表现最积极的一个人扮演客户，相对消极或理财业绩最差者扮演销售人员，其他所有同事扮演观察员，就观察到的现象进行点评。下半场的演练安排从客观上提升了大家对上半场的专注度，因为每个人都不希望扮演销售人员，而被其他同事不断地挑毛病。在结束会议前，主管会就尚未提到的一些要点进行抽问，比如银行该类产品此前 3 年的平均回报是多少，近期行内的一项产品营销竞赛内容是什么,等等。

除此之外,为了追求最佳效果,这名主管将银行所有在售产品的彩色宣传页分门别类地放入到一本 A4 大小的活页夹中,并要求理财经理人手一本,在与客户的面访过程中进行展示。就像我们去五星级酒店吃饭,服务员给你捧上一本制作精美的菜单食谱一样,把挑选的权利交给客户,而不是像上文提到的代替客户做决定。同时,主管邀请产品经理不定期地陪同理财经理约见客户。与角色演练相比,这是一个完全真实的场景,既可以检验前期的培训效果,又给理财经理提供了一次学习的机会,当他们出现困难时,产品经理会及时出来救场,提高面访的成功率。

对于几次下来产品知识或营销话述仍存在较大问题的同事,另一个方法值得借鉴:首先,请该同事到会议室,较正式地要求其自报一个通关时间,主管根据其自报的时间做适当的提前,当面将该时间记录在事先准备好的记事本上。其次,告知该同事,在未达分行认可的通关标准前,暂停其大堂经理的排班(惩罚性措施,减少了其接触上门新客户的机会),并在每次的产品讨论会中,重点对其提问等。通过一系列措施增加该同事的自身压力,帮助其循序渐进地提高。

当培训与通关被作为一项制度坚持下来后,效果便逐渐显现出来。根据我们后续的追踪数据显示,该分行经过近 5 个月的集中整治,这批同事的人均理财中间业务收入较我们走访前季度环比大幅增长了 61%,更重要的是通过这些手段,为整个团队留下了一种固定的管理模式,营造出了一种学习的气氛,同时更强化了同事们的营销本领。

第三节 善用激励——让人心甘情愿为你做事

每次，在给分行主管做培训时，我最喜欢讲的就是有关激励的话题。太多的例子，让我们认识了那些极具人格魅力，善于通过激励，带领一批批追梦人实现梦想，共同铸造了一段段辉煌的卓越人物。这样的事迹或功业，不止存在于政治家、企业家当中，我们身边的一些人也有。用周立波的话说，他们相信梦想但不迷信奇迹。他们对人性有着特别的洞察，对团队有着深入的理解，通过敏锐的视角和点滴的智慧，因势利导，长远影响着他们的员工，让员工们了解到希望并感受到安慰，心甘情愿地一路追随，甚至在这些员工对公司大环境有些失望的时候，依然为了他而继续战斗下去。

可惜呀可惜，恰恰是这管理中最触动人心的一环，却被很多主管所忽视，他们中的一些人发自内心地认为自己就是老板，高高在上，下属就是给自己打工的，已经给他们发了工资，做好是应该的，不需要额外花时间做所谓的激励。他们需要做的就是去批评那些他们看着不爽的人，以为这就是管理的全部。显然，一个主管这么干，必将造成团队的营养不良，从而导致士气低迷。是他们自私还是无知？我不想猜测。

大家应该都听过那个著名的、看上去却有些残酷的实验。研究人员将一个班的学生随机分成了两个组，对其中一组说“通过我们的智力测试发现，你们比其他人更聪明，我们断定你们未来必将有所成就”。同时，对另一组学生发出了完全不同的另一种暗示“经过我们的研究，你们智力平平，缺点也很多，未来只要能考上大学，就谢天谢地了”。在未来的 5 年中，又通过各种场合向这两批学生强化了这些暗示。30 年过去了，经过研究人员持续追踪，他们惊讶地发现，采用正向暗示的人群中，绝大多数都有了稳定的事业和美满的家庭，还出了 2 位企业家，而另一个组的同学中，有相当一部分处于社会的中下层。

其实，无论年幼年长，人们心中都有一种被认可的本能需要，并存在近乎一致的反应：当你常在一个人面前说正向鼓励的话，比如“我重视你，我认为你行，我想你将来一定不同凡响”，他会觉得你在乎他，觉得在你心里原来他这么好。有了这种感觉后，为了维持他在你心中的良好形象，避免你对他有任何失望，并想不断证明你对他的感觉是对的，他会自发地做好你关注的事，而且常常超出你的期待。而如果你忽视一个人，或常在他面前表达你的不满以及失望时，他心里会想，反正你也看不上，我自暴自弃怎么了，大不了下次再被你骂喽，反正又不会少块肉。这两种普遍的心理活动和其内心强大与否根本没关系，重要的是他会判断，你是否把他当成自己人。实在无法想象，一个没有发自内心认同你或者没觉得你和他心灵靠得比较近的人，会努力地帮你做事。这样一个简单的道理，有很多人就是看不透。结果往往是，你用了大量时间去制定各种规定，企图约束他人行为时，最终往往事与愿违，不是因为你的唠叨变得越来越没价值，以至他根本不在乎继续我行我素，就是人家拍拍屁股走人，另谋高就了，并到处宣扬你有多可恶。

在认识到正面激励的重要性之后，接下来的问题是，在激励工作中究竟应该注意些什么，才能使效果最好呢？下面介绍几种方法。

表扬需要及时

作为银行项目组成员，我全程参与了麦肯锡的一次营销咨询项目，这是一段难忘的经历。其间，为了做好精细化管理，我们每周五的上午都要召开试点分行所有支行行长参加的项目业绩回顾会，我在每次会议中担任主持，并对整体业绩与各项指标达成情况进行分析。

刚开始时难免有点紧张，因为在座的有我的直接领导、零售银行总监以及分支行的行长，容不得我有半点马虎。每周四下班前，我都会做好功课，除了要熟悉各支行的业绩情况外，还要检查笔记本电脑、线路、翻页笔等细节，避免会议中出现任何差错。在一次会议中，我没有完全按照以往的讲法，而是在一个环节中小小发挥了一下，加入了我自己对一项交叉营销数据的分析与发现。当时，现场没有任何反馈，还有人烦躁地在看表，觉得我讲多了。会议结束后，大家嬉笑散去，我一个人默默地收拾着电脑，感觉挺郁闷的，心想，一直以来为了这个会做了这么多工作，没人表扬也就算了，这次好心多讲两句，居然还有人给我看脸色……

回到办公室，我放下沉重的电脑包刚一坐定，就看见我们的总监面带微笑走了过来，忙起身相迎。相距还有好几米，她就向我伸出大拇指："刚才讲得非常好噢，准备得很充分，发挥的部分也很棒！不错不错。"说完后依然冲着我笑。我顿时来了精神，回应道："应该的，谢谢老板！"目送她离去，我心里满是温暖：哇，总监竟能这么看重我，捕捉到我的一点小变化，太令人感动了，自己一定要对得起老板这份肯定，争取在下次做得更好！有趣的是，那一刻的亢奋竟然延续了很久。此后，我经常找这位总监聊天。她不仅传授给我很多管理知识，更让我学到了不少宝贵的人生经验，成为我的良师益友，我非常感谢她。

找到员工的兴奋点

很多做过销售代表（最底层销售人员，外资银行中称为 Direct

Sales)的人，都经历过一个痛苦的阶段，就像在长跑中到达体能极限的那个阶段。大多数人到这个时候选择了放弃，原因很简单，在累得就要倒下的时候，依然看不清未来的方向。很幸运，我是那群最终挺过来的人，但并不代表那时的我不痛苦，相反，我在那个阶段比别人更难熬。

我大学毕业后的第一份工作，就是在汇丰银行做销售代表。头1个月懵懵懂懂地就过去了，第2个月又用去近2周时间回学校参加毕业答辩，转眼间，一个季度下来，我只开了3个合格贵宾户。按这个进度，虽不至于被淘汰，但不知到猴年马月才能升职。我每天忧心忡忡，有点怀疑自己起初的目标，即在前6个月达到晋升标准(连续6个月实现24个合格账户)，潜意识中已经开始动摇了。我们当时的区长敏锐地观察到我情绪的变化，有一天开完会后，单独叫我到她的办公室。她早有准备，转身拿出一张印有6个月的时间进度表，前两个月中已经填上了我的业绩，显然，这是针对我的情况特意制作的。一开口，她便直奔主题，问我计划什么时候达到晋升条件，见我略显迟疑，就交谈了起来，了解我当时有哪些思想顾虑，除了担心时间不够外，是不是还有其他想法，等等。随后，她用一种非常确定的声音说："Tony，你知道吗，我一直很看好你，虽然我们交流不是很多，但我知道你是有目标的人，虽然你前阵子学校毕业的事占用了几天时间，但还剩3个半月，只要你能平均每个月达成合格6个账户，你就能在明年的春天迎来你职场的第一次升职。我期待着到时候给你颁奖！"

话不贵多，老板这几句，正好送来我当时最需要的关注和鼓励，顿时令我倍受鼓舞！由此可见，找到员工的兴奋点在激励方面的作用之大。

当有同事处于不确定自己行与不行，摇摆于放手一搏和等待下一次机会之间，这个时候，如果我们能善用所处位置上的信息优势，站在他的角度，帮他把职业规划分析分析，把暂且模糊的事业图画勾勒勾勒，并及时地表达我们对他实现目标的能力坚信不移的信心时，哪怕就这么做一次，对上进的同事而言，我敢说那将是终生难忘的。

随时随地的鼓舞

"走动管理"大家可能并不陌生，很多管理类书籍中均有涉及，但真正能掌握其内涵，并能在自己日常管理中运用自如的主管却少之又少。一些从下面做上来的"新官"，一上任后便有意无意地与自己昔日的"战友们"保持距离，并学会时不时板板脸，拿拿官腔，真以为只要让别人怕自己，才是成功踏出管理的第一步。慢慢地，他们躲在自己办公室的时间越来越多，酒量越来越涨，体型越来越胖，即便是给自己的发型师或牌友打电话，也不愿意离开座位出来走走，与员工聊聊天，多了解他们的真实想法。

一个优秀的主管会怎么做?

搬到上海陆家嘴的老汇丰银行大厦(现在的恒生银行大厦)上班期间，我遇到了一位新的老板。她人很特别，精力充沛，待人热情，善于营造一种快节奏的，鼓励卓越的营销氛围，并常常能想到一些独特的方法。原因在于，她真的很在意员工的感受，特别是大家是否打心底愿意跟着她干。

我记得她大概来了不到一个月，就记住了整个办公室包括我在内，每位同事的名字。她有一个特别的习惯，就是在抽屉中常备一些口感极佳的饼干或是巧克力，她自己是很少吃的，主要用来犒劳同事，虽然并不贵重，却让同事觉得格外亲切。只要她在办公室，每两三个小时她都会起来走一圈，挑 1～2 位员工，抽 5～10 分钟靠在他们的座位旁，和他们聊聊天，为他们打打气。

一次我送走客户刚回到座位上，就看着她拿着饼干朝我走来，不等我先开口，她就说："这是刚从澳洲带回来的，花生酱口味，很脆，你尝尝看。"递给我几片饼干后，她接着说："最近看你按揭贷款做得不错嘛，跑了不少楼盘吧！有空帮我写写你的心得，我也给其他同事分享一下。"听我说完后，她又道："我看这个季度的五星奖你是志在必得啊，好像只差 5 分了，有什么困难告诉我，我会全力助你拿到这个奖。"而后，她又和我闲聊了几句近期上映的电影，还说到她接下来要去旅游，问我是否去过那个地方。

和她聊完，我浑身透着轻松愉快，觉得她和我距离原来很近，好像是一个很熟悉并随时关心我的朋友。这种看似并无具体内容的，短暂而随意的走动式交流，可以对同事产生一种微妙的"精神脉冲"，有效地拉近彼此的距离，进而深远地影响他们的行为。

她另一项激励方法是在开大区会议时，送出一本书给同事，拿到书的同事不一定是综合业绩排第一的人(因为那个人通常已经得到了行里其他的奖励)，而是经过她平时点滴的观察，发现了闪光点并有希望做得更好的人。每本书她都很花心思，会亲笔写下一小段想对这位同事说的话，并签上自己的名字。我至今保存着她送给我的书，一本当时她从香港买回来的，讲风水的书。扉页上她写的是："希望努力的你，可以再得到一丝好运气，早日升为团队主管。"说来真的很灵，3 个月后，我就升做了 Team Leader(团队负责人)。

做主管的，可试着为自己培养一个习惯，每天至少表扬 1 个同事。

员工总有各自的闪光点。从业绩上说，或是整体排名领先，或是个别指标出色，亦或是某日成功营销了一个大客户，等等。从生活上看，今天她穿了件漂亮套装，戴了条精美的项链，明天他打了条得体的领带，套了件合身的西服，这些，都可以用作表扬的素材。坚持下来，你将受益匪浅。

善用激励，是形成一个团队健康积极的营销文化的关键，在本书的最后一个章节，我们还将就此展开，通过更多例子，让大家了解，究竟激励是如何影响营销文化的。

第四节　当断则断

本节想聊聊优胜劣汰这个自然法则。很多时候，我们乐于研究“优胜”的问题，包括如何制定考核指标，如何设计晋升方案，却往往忽视了“劣汰”的重要性与方法，有时甚至不敢直面这个问题。特别是对于一些老员工，要么认了，花银子养着，心想这些人在公司内部关系盘根错节，说不定他们关键时候能投上自己一票；要么煞费苦心，包装出一个所谓“末位淘汰”的规定，企图冠冕堂皇地打发人家走，但搞到最后往往又不了了之。

对于一个营销团队而言，解决好“出”的问题，有时比“进”更有意义。这就像一个人，大冬天上半身羽绒服裹得严实，下半截两只脚光着，你去摸摸他的手，肯定是凉的。因为，“神经末梢”的问题没有解决好。

主管如果以为，在团队混日子的那些人，只不过造成业绩杀伤的话，那就错了。真正可怕的是，他们的行为会像某种强力扩散的细胞，能将自身的消极情绪连同自我臆想编造出的信息，迅速传至身边的人（完全能不受他人影响的人其实很少）。他们希望别人和自己一样，大家一起混，从而获得更大的安全感。

有个笑话可以作为这些人的生动写照：一位路人见一桶大闸蟹无人看管，问蟹农道："你不怕里面的蟹爬出来跑掉吗？"蟹农一笑："放心吧，桶里的蟹互相拉扯得紧，哪一只想爬上来，其余的就把它拉下去，都跑不了。"

通常，在客户经理上班的第一天，我们便会告知其游戏规则，同时，会要求员工签字确认，正所谓丑话一定要说在前面。考评标准可以从多个角度来确定，比如综合排名、利润完成率、客户增长量，等等。这里提醒留意两点：一是该考评标准最好和升级标准相一致；二是一旦确定，短期内（半年内）不建议调整。

"观察红线"通常选取固定的数字而非百分比，作为标准表述。比如，选择"连续两个季度的平均得分低于 60 分"或"连续 3 个月的客户净增长数低于 2 户"，而不会用类似"后 5％"这样的表述，以免给自己在操作中带来麻烦。银行常以一个季度作为考核周期，通常，第一个月主要用来适应和学习考试的，之后两个季度（半年）将接受第一次考评，如果不达标，主管将会邀请人事部的同事一同与该名员工进行正式谈话。在这一次的谈话中，务必就下一个季度的关键指标与该名同事达成共识，并将其写入事前准备好的 PIP（改进计划书）中，由双方签字确认。

强调一下，这是很关键的一道程序。一般建议，该指标可比照该同事季度考核指标再高出 20％或 30％来设定，意思是在百分百完成新一个季度指标的同时，部分追回上一个季度的业绩缺口。对于这些人而言，这一定不是一个轻松的任务，可能吓退那些本想继续混的人，提前三个月为你省下一个 Head－Count（人员编制）。但对于想做好的同事而言，他们会全力以赴地给自己一次机会，从悬崖边走回。

再一个季度过后，对于较 PIP 中约定标准完成率不足 60％的同事，即可通知 HR（人事部）启动劝退程序。此时，该名同事的实际入职时间已超过 10 个月，在这段时间里，他的态度和能力，已有较多时间得以展示，如果不采取及时措施，很有可以演变成前文提到的“推不动”的那类人，积重难返。而对于那些虽未完成约定计划，但达成率在70％，80％以上的人，其实他已经百分百完成了当季指标（因为你已经给他加了 20％～30％的额外任务），加上营销中存在的诸多不确定性，客观上这种情况可以理解并且接受。这样一个局面，对主管而言十分有利，可以比较主动地掌控是留还是劝走。

有一些情况是需要我们预先做防范的，就是在办理入职时，并未就业绩方面的要求有任何文字方面的约束的。譬如，上海一家支行的行长找我诉苦：“愁死我了，遇到了一个非常棘手的客户经理，怪我们招人不慎，这家伙 6 月份来了以后就没做过什么事，本以为可以直接在试用期（6 个月）内炒掉他，一问 HR 才知道，新的劳动法本着保护求职者的原则，规定除非证明员工入职资料造假外，不能单方面终止试用期。我也和他谈过，希望他自己交辞职信，但他竟然坦白告诉我，都到 11 月初了，为年底拿双薪，自己是不会提前离开的。由于他已经到了想来就来，想走就走的地步，其他人也受到了不同程度的影响，工作气氛开始变得松散，整体业绩也出现了下滑的趋势。”

我和这个行长说，这位员工能自己走最好，不然就要想办法抠一抠员工手册中的一些硬杠杠。认真分析了行内的规定，我们发现，该员工存在严重的纪律问题，按规定是足以被开除的了。好在没费太多周折，所需的证据就搜集齐了。其手机短信和邮件等请假记录均有保留，又调出了门禁卡的刷卡记录。终于，在这些证据面前，该员工主动交了辞职信。不久，团队氛围果然逐步好转起来了。

另有一种情况，是不一定需要靠劝退或开除来解决的。

在银行里，根据业务性质，分成了公司业务、零售业务、人事、合规、法务等许多条线。这些条线向下又可分成许多团队，比如零售条线向下又可分为理财业务、个贷业务、卡业务等。当理财经理遇到理财产品卖不出去的情况，准备放弃时，理财团队的主管，要留意其是否具有做其他方向的潜质。如果真是一个有潜力培养的人，只是一开始选择了一个不适合他的方向，就这样被勒令离开，一转身跳槽到竞争对手那边，岂不可惜。

曾经有一位和我同时入职汇丰的朋友，在理财团队中可谓生不如死，因为他一见到产品中那些复杂的结构就头疼，也提不起研究的兴趣，但由于认识一些房地产开发商，他反倒是对按揭贷款业务特别感兴趣。一个很巧的机会，他得以转入到个贷团队，之后果然是如鱼得水，工作干得风生水起，一改在理财团队时垫底的颓势，成为了 Top Sales，如今已是一家中资银行市分行的个贷部主管了。

如何淘汰不适合你团队的“末位”员工，考验着每一个主管的智慧。做得好的话，不仅能提升团队的平均绩效，更是向团队其他人传达出了一种强烈的信息，即你是什么样的人，你所允许的团队气氛是怎样的，什么情况是不能被你容忍和接受的。

第四章　舵手

目标管理

本章将探讨如何理解和做好“目标管理”。

做好任何一件事，都是从设定目标开始的，这就好像你去打出租车，如果上车后不告诉司机你要去哪，再有经验的师傅也不可能把你送到目的地。作为主管，如果我们不明确团队的方向或不清楚员工的目标，便无法真正控制达成业绩的节奏，难以掌握或评价员工日常的工作进度，亦无法展开令人信服的精细化管理等一系列的工作。因为，员工在尚未就他们的目标与主管达成共识之前，你所做的一切要求或发泄的不满，都将被视为你个人的，情绪化的反应，他们嘴上附和，心里往往是不爽的。

我们常听同事们对自己的主管表达不满，他们往往会说：“为什么他们一开始并没有告诉我们他到底想要什么，半路出来这么多指责？为什么我觉得自己做得还可以，而他们却总是莫名其妙地跑来指责？”问题关键在于，主管没有事先与员工理清目标，也没有让员工了解他们的期待。

讲到目标，不少人对此缺少深入的理解，包括一部分主管在内，他们甚至常常误以为目标就是指标。曾经一次在成都分行出差，我请一个同事谈谈他的目标是多少，结果，他很诧异地望着我："目标不是你们下给分行的吗?"我说，那叫指标。他更疑惑地看着我，问道："这有什么区别吗?"我立刻明白，他的问题出在哪里了。那天傍晚开会时，他们主管让每个人自我讲评一下。一个同事总结自己业绩时说，近期表现平平的原因是有两款理财产品自己销量太低。我马上问道，"那你本打算卖做多少呢?"对于这个问题，他明显准备不足，尴尬地停了2秒钟后，弱弱地说了句"那肯定是越多越好了"。

这是一个非常重要但往往被忽视的问题：指标是公司给你下的，目标是自己给自己的；指标是公司平衡了大多数人的实际水平和市场状况后，得出的平均期望值，而目标是自己为自己所选择的这份工作立下的庄严承诺；指标是客观的，目标是主观的。

很多时候，我们的营销人员不愿作出这个承诺，下不了这个决心。一个很有意思的现象是，当你问他们打算在本月末实现多少业绩时，10个人中9个都会这么说："因为只有两个老客户有初步意向，但其中一个还在出差，说回来给我电话，所以可能会有20万的理财和3张信用卡吧，我尽量吧。"注意，他们口中的高频词汇是"因为"、"可能"、"尽量"。

我们再看，那个终于能成为Top Sales的人，他们的表达通常是"我给自己的目标是月底实现300万的理财销售。目前，其中130万已经谈好，剩余170万我已开始不停地约谈新客户，会尽一切办法搞定，你放心"。

以上两种不同的回答，实际反映了两种不同的思路，并由此产生了两种截然不同的结果。前者是一种彻头彻尾的弱者思路，其最大问题在于，自己的业绩目标，不是建立在决心的基础上，而是依赖于现有客户摇摆不定的“意向”，一旦客户爽约，他便只能无奈地摇头了：“哎，某某客户不给力，说要下个月再看”。不客气地说，这思路，是对自己的极大不负责。他或许以为，“定目标”就是向主管报一遍目前在谈的客户情况。这哪里是“目标”？那不过是他的日常工作，其中的细节和困难根本不需要在这个场合来讲。主管此刻最需要知道的，是他们究竟计划做到多少，是他们自己觉得可以交代的那个数字，这和某个具体客户的情况根本没关系。换句话说，假如这个客户出现了什么意外状况，难道我们的业绩就不用完成了吗？

很多时候，一些员工完全颠倒了工作中本应有的顺序和逻辑，而主管却没有及时指出，甚至连自己也不知道，问题其实就出在这里。结果，放任了他们形成错误思路的同时，自己却在苦苦找寻他们做不出业绩的原因。明明应该是先在心里定下目标，然后再对这个目标进行分解，细化到每周和每天。这样的话，如果两三天都没跟上进度，他们自己就会很紧张，天天都会紧紧围绕自己定下的目标想办法，包括如何挖掘现有客户和怎样开拓新客户。这个思维顺序是千万不能混淆的，是精细化管理开始之前，主管们最应该理顺的一个问题，是帮助我们做到事半功倍的一剂良方。

如果有人还质疑决心的力量，让我们想想那部著名的电影《集结号》，连长谷子地率领九连 47 名战士在汶河岸执行掩护大部队撤退的任务，团长下令以集结号为令撤退，惨烈的战争中，九连的战士死伤惨重，但由于没听到事前约好的号声，直至全军覆没，依然信守承诺继续坚守。这部电影在我看来，就是一部讲述“决心”的上好教材。九连的将士下了什么决心？他们决心不听到号声不撤退！并以哪怕搭上生命为代价。他们牢记承诺，不惜用鲜血来捍卫，这才是这个连最令人敬佩的地方。而现在的一些人，不要说用性命守住诺言，连下决心给自己定个工作目标的勇气都没有。在主管培养队伍时，这一点是应特别关注的。

可喜的是，也有一些同事很好地理解并运用了"决心"。一次，我去一家支行公干，由于是周五，路上塞车耽搁，我接近 8 点才到达。同事们走得差不多了，而在理财室，仍有一个身影在忙碌着，走近一看，是分行排名第一的一位理财经理。等她打完电话后，我走过去笑着问道："这么晚还没忙完？"

"忙完？我感觉我永远忙不完，你这不也没忙完吗，呵呵。哎，时间过得太快，我下周的约见还没排满，有点慌。"她回答。

"我看这个月你已经排第一了，用不用这么辛苦啊？"我试探着这样问，想看看她怎么说。

"我目标是这个月实现 20000 元中间业务收入，存款新增 300 万，只剩一周了，还差一点，我答应过行长会做到的。还有，排名是变化的，万一别人在最后几天超过我，不是很亏吗！"我顿时被她这种认真的坚守精神所感动。

她告诉我，她知道自己没什么资源，也不是所谓的"白富美"，之所以能取得现在这样的成绩，就是她习惯给自己订目标，全力以赴为达成目标寻找方法，并一次次从成功实现目标的经历中找到自信。

第一节　寻找你的"指南针"

目标是什么？小孩子惦记着周末爸爸妈妈陪他去公园玩；大学毕

业生急于找一份中意的工作；员工们指望年终奖的红包拿得再厚一点……这些装在人们心里的念想，让我们看到了大大小小的目标之缩影。

对于有理想要追求的人来说，每个目标既是对具体事件的期望值，又是向着魂牵梦绕的理想之巅攀爬的一步台阶，非常催人奋进：它是让你在晚上入睡时为之辗转反侧，早上醒来时为之激动不已，并促使自己从热乎乎的被窝里爬出来，系好领带或是踏上高跟鞋，迎着朝阳迫不及待想尽早实现的那件事。这个动力往往源自你一想到实现这个目标以后的情景，就热血沸腾的那份盼望。

一个分行的零售业务综合排名列全国第16，他们的副行长在一次工作会议上对全体客户经理说，我们今天开会的目的只有一个，就是谈谈如何将综合排名提升至前10名，并且要在3个月内实现(注意，他们既有具体目标，也有计划达成的期限)。会后，他将这个目标写在分行大厅门口的黑板上，并贴在每次发出的邮件中，让所有人了解他的决心，那就是，要打破所有人认为他们只能垫底的偏见。定下这个目标后，他第一时间和我通了电话，主要是探讨如何科学地利用综合排名的规则，尽快提高排名。我这才发现，尽管总行反复强调排名的重要，但该分行过去对排名规则仍不太了解，如何计分也不大在意，根源在于他们不觉得这事和他们有啥关系，破罐子破摔嘛。可自从定下这个目标后，他们根本不需要别人催促，一种自我钻研的热情态度，让他们精力充沛干劲十足。副行长想到了达标之后的情景，这个情景让他异常兴奋，并决心为此一搏。

当我们为了一个目标做好充分准备，并带着激动埋头苦干起来时，困难往往没有我们想象的那么可怕。该行加快了业绩回顾的速度，加强了团队日常客户面访量的管理，提出了客户资产配置的要求，一改开会沉闷冗长的习惯，提高了效率，并开始关注每一次营销活动的效果……仅过了2个半月，其人均产能开始超过大多数分行，又过了1个半月，该行的综合排名上升到了第9位。虽然时间略晚于预期，虽然有个别员工不堪压力辞了职，但重要的是，他们做到了。如此幅度的提升，如果没有一开始这个具体目标的支持，是不可能实现的。

目标是茫茫大海中的灯塔，指引我们的航行；目标是无尽沙漠中的指南针，时刻提醒我们的方向。作为主管，我们至少应在脑海中勾勒一幅一年期限的愿景图，这其中不仅应包括业绩的达成率、排名等，还应包括团队文化的打造、制度的健全等多方面的谋划。接着对这些目标按季度、月份和周进行分解，转化为日常的工作量。做好这步后，我们应就现有的分析成果与上级的指标再次进行比较确认，保证目标是高于指标的，并且是只要日常实施无折扣，就可以实现的。另一方面，目标的定位一次不宜过高，远超出能力的预期并不可取，它只能消耗我们的热情。而跳一跳就有机会够着的计划，是最恰到好处的。

一家综合排名倒数的分行百废待兴，员工们士气低落，急需找到业绩的突破口，但想在短时间内全面提高似乎不可能：首先因临近年末，各家银行推出高预期收益产品，稳住现有存款已经不易。另由于房地产市场低迷，不少开发商捂盘，按揭市场也不活跃，个贷业务一片惨淡。如何尽快打开局面，成了分行管理层颇为头疼的事情。经过分析，大家一致认为，结构性理财产品这一块，是最有机会尽快出效果的。于是，分行很快制定了目标：月增35万中间业务收入，以此作为扭转困局的尝试。经过测算，如果能在未来3个月均能实现目标，再加上此前已经获得的中间业务收入，该指标的完成率将达到140%，同时辅助提高了另一项指标非利息收入的完成率，综合分数将提高 12～15 分，这对于目前仅拿到不足 50 分的分行来说，将提高近 30%。

定下这个目标后，该分行采取了日日督促的方式，明确要求，由分行综合管理岗的一名同事负责，就该项指标的进度和距离目标的缺口情况，每日以邮件的形式通报全行。一开始困难很大，想想看，以平均 1%的手续费率计算，实现 30 万的中收，大约需要卖 3000 万的理财产品。零售分管行长发动全行各条线，大力倡导公私联动，同时，配套推出了种类丰富的内部营销竞赛方案，每天在全体营销人员中不断地打气。重赏之下必有勇夫，同事们的热情被点燃了，此前，大家从未如此有目标地进行一项集体行动。眼看目标缺口越来越小，出单人数越来越多，大家同仇敌忾的那种感觉也来了，每天下班前都会特意关注一下邮件：团队还差多少就能够实现目标了。该邮件累计发了 22 天，当月的 29 日，该分行的月理财手续费收入突破 38 万人民币，超额实现计划。尝到甜头后，这家分行逐步将该目标管理方法沿用于其他指标，从此拉开了精细化管理的序幕。

第二节　把稳你的“舵”

定下目标后，主管要时刻监控同事的相关工作是否偏离方向。人在还没有形成习惯时，往往会对自己提出的目标难以持续地坚持，有时甚至是不知不觉的。我们在日常管理中，要留意这样的动向，以不断加强员工的自我目标管理意识，确保团队可以可控地、有节奏地接近整体目标。

外资银行中，一个很好用的工具叫做“业绩计划表”（Pipeline

Report)，只可惜被不少主管当成是向上级交差的一个负担，浮躁到哪怕花 10 分钟研究一下都不肯，一句“没啥用”概括了他们对此工具的所有理解。事实果真如此吗？

有的时候，我们似乎更愿意去了解一些花哨的说法作为谈资，却对一些基础性的思想不屑一顾。熟悉该表的朋友应该知道，这其实远不止是一张简简单单的表，它体现的，正是一种目标管理的思想，有助于我们取得事半功倍的工作效果。

业绩计划表

（以银行为例）

报告日期:2012 年 6 月 4 日

支行	客户经理	Pipeline 金额（人民币）			每周明细（人民币）						备注
		2012-6-4～2012-6-15			截止 2012-6-8			截止 2012-6-15			
		理财	银保	个贷	理财	银保	个贷	理财	银保	个贷	
* 支行											
	小计										
	人均										
* 支行											
	小计										
	人均										

我们至少应将目标细化到一周，因为，我们不能等一个季度以后，再与某位同事探讨为什么没完成计划。与同事就具体目标达成共识的时间，应尽量放在会议当中。因为，将有与会的更多人一同见证他的承诺。报计划应安排每位员工逐一进行，当有人报出的数字低于其季度指标按周折算的进度，或者缺少某些产品的销售计划时，主管应果断打断并询问原因。人是猴子进化而来的，本能的特点之一就是

"顺杆爬",如果第一次你不打断他问个究竟,下一次哪怕报出更低的数字,他都有理由认为你不会介意。

按这样的方法,所有人报完目标计划后,应将这些数填进Pipeline的报表中,并按你最看重的某一项指标预期数,升序或降序排列。理论上讲,此时所有人自报的合计目标数,应超过你手上那条团队指标数。

一周的Pipeline报表制作完成后,主管应将其群发所有销售人员,并抄送你的上级主管。这么做,一来将大家报的计划白纸黑字写下来,防止有人抵赖,同时还能供同事参考其他人的目标;二来让更高阶的主管了解团队的进度,也有助于给员工更大压力。随后,你应将这份表打印出来,随身携带,以便自我记忆和随时提醒你的员工(针对Pipeline与日常工作量的对比管理方法,将在下一章节中具体介绍)。下一周开会时,我们一定要将该表带上,方便逐一核对每个人是否落实了上一周自报的计划。

有时某一次或个别几次计划出现不能完成的情况,是可以理解的。但主管应注意,该名同事在报下周计划时,是否能补上本周形成的那个窟窿,以避免旧账越欠越多。对于某些经常完不成自报计划的员工,决不能任其轻易过关。否则,不仅会让人觉得自报计划其实可有可无,而且将破坏你整个精细化管理的链条,后果很严重。

对此,有一些比较直接的制约方法。比如,提前定规则,如果不能完成季度指标且常常完不成自报目标,将优先考虑给其PIP(改进计划)的黄牌警告,或对其绩效奖金打一个折扣,等等。不过,为了使员工能够切实感觉到,你对建立目标管理的决心之大,则可以通过在会议中"较真性"的发问方式,利用开放式的问题,步步追问那些连续多次不能完成自己计划的员工。比如"你感觉是自己目标设得太高还是努力不足?""是什么阻碍你一直完不成计划?""你下一步准备如何改进来完成你的目标? 时间表怎么安排?"等等。在提问中,应尽量避免使用封闭式的问题,提问的思路要围绕一个中心展开:启发他们开动脑筋,迫使他们自己去思考。并且,一定要在结束谈话前,让他自己说出一个令你满意的数字连同可跟进的改进方法。

作者在上海环球金融中心演讲

考查员工自报计划的准确性,可以参考其平均的约见成功率与准备要见的客户数。将计划数和具体新老客户相对应,是一个很好的方法。比如,在员工报出了一个计划数后,我们可以继续发问:该计划需通过几个客户实现? 现在已经约谈了几个客户? 其余的几个客户从哪里来? 如果从存量客户中来,那么计划约谈的客户名单有哪些? 如果从新的客户中去找,需要约到几个客户才能保证补齐现在的缺口? 去哪里约? 每天约几个才能在一周内完成? 一旦我们养成追索计划细节的习惯,就没几个员工可以忽悠到你了。

说到提问,有不少书是专门介绍"提问式管理"的,本书就不展开讲了。但希望主管们能多了解这个工具,因为,没有哪项工具能像掌握了提问方法那样，能让员工发自内心地意识到自己的问题。

我的总监是提问的高手。她极少说你应该怎样，却最善用提问的方式，让你意识到自己的不足。譬如，她发现了一名员工业绩不好，找来谈话，问："你感觉自己做得如何？"她不会说"你看，你做得这么差"。

"不是太好……"员工想敷衍一下，赶紧结束这个话题。

"那你觉得是哪里出了问题呢？"她继续问。

"我觉得自己客户比较少。"员工此刻仍想蒙混过关。

"是啊，我看到你是 2011 年入职的，目前客户仅 40 多个，你感觉是什么原因造成客户少呢？"她追问道。

问题到这个程度，员工很难不正面作答了。他得想一想、找一找背后的原因，而不是一味地讲"客户少"这类世人已知的表层原因了。

"我想可能是我每周见的客户不够多。"这名同事接着回答。

"你现在每周见几个客户？"她仍然接着问。

"一般在 5 个左右吧。"这名同事想了想回答道。

"那你给自己的要求是见几个？"大家注意，追到这一步还会继续发问的人，已然不多。其实，总监早已知道他的问题出在哪里，只是希望，在回答问题的过程中，他自己能多一点切实的思考和体会。

"哦……"这一声"哦"反映出两点问题，一是，该员工平时对自己的面访量并没有明确目标；二是，他已经在思考，该回答"见几个"为好，这可能是他第一次思考这个问题。

"我肯定是希望越多越好的。"他决定这样回答。

"你还是没回答我的问题。你说的希望和我问你的要求自己见多少是同一件事情吗？"老板再一次直击问题的要害。

"哎……领导，我明白你的意思了，我确实没认真想过具体见几个客户的问题。”在一连串问题下，他终于顶不住，说出了这句实话。

“你自己总结得很对，那么当着我面，给自己下一个目标，以后每周见几个客户？”总监不失时机，要求同事立刻下决心给出一个数字。

“争取 9 个吧。”他仍有些犹豫，还没有完全理解下决心的意思。

“争取不是给自己定目标时用的词。另外，一周 9 个等于一天不到 2 个，以你目前的面访成功率，有把握完成你的业绩目标吗？”看到他仍未说出满意的回答，便继续给他压力。

“10 个，一定见 10 个！”至此，他终于明白了整个谈话的思路，横下了一条心。

“非常好！一周 10 个，相信你一定可以成功！”总监立刻给了他鼓励，并重复了达成的共识，可以此作为下次进一步跟进他的线索。

作者和东亚中国财富管理处总监吴雅萍女士

巧妙的提问过程是，你始终不给出答案，只是通过提问一步步将员工的思路引入到你设计的思路中来，最终由他们自己的嘴说出你想要的那句话。其效果往往比批评责难好得多。

第五章　督导

工作量管理

我第一次注意“督导”这个词，是在一位证券公司做经纪业务的主管名片上看到的。当时不太理解，就去询问这个职位主要是干什么的。他告诉我，所谓督导其实就是团队主管，主要负责督促下面客户经理的业绩，指导其达成指标。这个词很形象地反映出主管的一项核心管理工作——过程管理。

营销这件事与很多其他事一样，做的好坏，很大程度上取决于做过多少次尝试，通俗地讲就是下了多少工夫。如果在被银行拒绝了242次之后，霍华德·舒尔茨放弃了，就不会有星巴克这个全球最流行的咖啡连锁店；如果在被出版社拒绝了数年之后，J. K. 罗琳放弃了，就不会有后来世界最畅销的图书《哈利波特》；如果他的主题公园被否定了302次之后，华特·迪士尼放弃了，就不会有举世闻名的迪士尼乐园了。如果一件事的成功率只有1%，那么反复100次至少成功1次的概率是多少呢？正确答案居然是63%。这个简单的数学概率问题告诉我们，一件成功几率微乎其微的事，若反复尝试，从量变到质变，他的结果竟然可以发生不可思议的改变。

有一位曾在华尔街的美林证券(Merrill Lynch)私人银行部做过理财师的朋友同我聊天时谈到，他刚毕业时，很幸运地被招到这家大名鼎鼎的投资银行。在第一天参加公司培训时，老师告诉他们的第一句话就是“Sell is a number game”，翻译过来是说，营销是一场彻头彻尾的数字游戏，只要有足够量的电话和约见，出单是必然的结果。他们的主管最关心的一件事是他们到底约了多少面访，并且有一个习惯，在每周五中午吃饭前，会检查每人的日历本，查看他们是否已经将下一周每天的面访全部约好并记录下来，如果发现谁下周的某一天没有 2 个以上的约见，就会询问原因，并请该名同事继续邀约，直到约满为准。他们的另一项措施更为严厉，所有同事在第 1 个月的底薪最高，接下来的 5 个月中，每月递减，直到减为零(当然，公司会担负日常必要的公务报销)。因为公司觉得一开始员工的客户量少，理应配套一定的基本工资作为生活的保障。而几个月以后，通过提高提成比例，如果达到其指标量的员工，是足以获得更高收入的，这就逼着大家必须充分地利用前几个月的蜜月期快速地积累客户，去挑战高薪，否则将被淘汰。然而在商业银行中，营销文化通常比这温和，客户经理每月享有固定的工资，一年下来，除去他们身上的基本工资外，还有公积金、养老金、各项福利金以及价格不菲的房租与水电成本分摊，仔细一算发现，很多支行其实并不赚钱。从利润角度出发，我们应该细细琢磨下这盘账。这就是为什么私人银行一名理财经理的年指标可以高达 200 万的手续费收入，而这个量，几乎可以赶上了外资银行一家中小规模的分行该项收入的整体指标。

大家一定听说过保险业的 MDRT(百万圆桌会议)，该协会作为全球顶级销售的盛会，自 1927 年在美国成立以来，已见证了来自世界各地的无数营销神话，而其中一个人的名字与该协会几乎画上的等号，他就是享誉全美的营销大师吉姆·罗杰斯(Jim Rogers)。从家境贫寒的小报童到圆桌协会总会长，从骑自行车的业务员到一代商业奇才，罗杰斯传奇的营销经历中究竟有着怎样的秘诀？他在一次接受采访时这样说道："很多人问我，如何才能成为一位顶尖的销售，其实方法只有一个，就是不断地见客户。我的保险生涯中，拜访客户的次数超过二万五千次，平均一天四位，一周二十人，十几年来从不间断。"这就是专注于过程中量的积累，从草根到精英的最好例证。

另一个很好的例子是世界公认的最伟大的推销员乔·吉拉德。这个只喜欢在名片上印上"销售员"三个字(即使在已经成为老板后)的底特律擦鞋匠，连续12年荣登吉尼斯世界纪录汽车销售第一的宝座，并保持12年平均每天销售6辆车的惊人纪录，至今无人能破，成为唯一一个以销售员身份荣登"汽车名人堂"并受到总统接见的人。他在巡回演讲中多次提到，"每天与大量客户的面谈，是我成功中最为重要的因素，我要想尽一切办法见尽量多的人，如果有可能，我甚至希望拜访这座城市的每一户家庭。"最终，他让全世界记住了他的名字，并深刻地印证了一切成绩都源于日常每一天的工作量这个道理。

第一节　成败皆过程

时常听到一些主管很酷地说"不要告诉我过程，我只要知道结果"。如果是主管心里明白，而只是调侃一句，这无可厚非的。但如果是其真的这样认为，那便是一句毫无逻辑的狂言，无异于说"不要给我前6个包子，直接给我那个让我吃到饱的第7个包子吧"那么可笑。

佛教告诉我们，凡事有果必有因，有因必有果，因果永远是成对出现的。魔鬼都在细节中，太多的教训让我们认识到忽视过程的可怕。大桥的轰然倒塌其实从施工过程中偷工减料的那一刻就已成为注定；走上歧途的孩子在你平日放松了管教时就已种下了果子；离婚的家庭在你开始不留心经营家庭时就已经埋下了祸根……管理也一样，我们不要到了积重难返，连自身都难保的境地，才后悔当初没有早点发现并纠正这些问题。

大家一定看过奥运会，在竞技体育中，金牌与银牌的差距实际非常微小。百米赛跑中，冠军的领先优势往往只有百分之一秒；篮球比赛中，获胜一方常因为一个关键球，以一分险胜；射击比赛中，亚军有时就差零点零一环而痛失金牌。什么是卓越？不在于你高出很多，而只要那一点点，你就是卓越，其他人顶多算是优秀。激烈的对抗中，胜利的一方除了要具备绝对的实力以外，还要有良好的心态、顽强的斗志等诸多因素。世界上没有“没发挥好”这回事，之所以在看上去差不多的情况下，最终能分出胜负，看似是一点运气，而这运气背后却刻着四个大字“训练水平”。当一名运动员的水平已经达到一定高度时，进一步训练的边际效应越来越弱，好像再怎样练，水准基本不会有大的提高了。在这个时候，停下来的去了省队，坚持下去的去了国家队。在国家队里，练到独孤求败的境界后，依然不敢说能在世界大赛中稳操胜券。有一个进入这种状态的人，在这个星球上代表人类在水中的游速最快，也是拿到奥运金牌最多的泳坛名将，美国人菲尔普斯这样告诉记者，“每当我拿一次冠军后，伴随着喜悦也会有一种不安全感，其他人也在进步。因此我在圣诞节时没有回家与亲人团聚，一个人回到泳池继续训练，我很享受孤独中的苦练，虽然我并不确定这能否帮我进一步提高速度，但我知道对手们此时正在娱乐，我比他们又多训练了几天，这种感觉非常棒。”

对于日常训练的执着，造就了一批批顶尖的人，他们可能没机会成为奥运冠军，却能将自己的工作做到极致。我的一位朋友，在中资股份制银行省分行任部门副总，是该行年龄最小的副处级干部。他在做客户经理时，特别在乎自身产品与话述的训练。起初他搜集了1000份左右的客户名单，又向行长申请了500名非活跃的银行公共资源客户，每天打100通电话。他找了一个录音笔，将每一次与客户的通话录下来，拉着有经验的同事反复研究，不断修正自己的话述。同时，要求自己每天至少与3名客户谈近期的理财产品，并将他们的需求通过Excel表格进行管理。一次获奖后，主管请他分享经验，他说，“如果别人每天见2个客户，而我见3个，我就有更多的机会练习我的话述，自然比别人讲起来更得心应手。”同时，他要求自己每次在给不同客户讲产品时，都要加入一些新的元素，这就倒逼他自己平时对产品的结构与市场信息不断研究加工，得出一些新的分析，以应对不同类型的客户。

为了帮助员工提高“训练水平”，主管应牢牢抓住整个营销过程的“七寸”，有的放矢地针对过程管理中的核心——“工作量”进行精确督导。

第二节 吃准工作量——拿捏过程中的“七寸”

一些缺少经验的主管乐于去抓客户经理的纪律，比如迟到早退什么的，有时甚至站在门口专门等那些晚到一两分钟的人，看着他们跑过来气喘吁吁地刷卡，他就很爽，觉得管得很细了，搞得营销人员非常反感。不是说团队纪律不重要，而是有太多更紧急且重要的督导等着我们去做。接下来，我们从营销人员每天的工作量角度，去看看究竟发生了什么。

缺少经验的销售往往感觉控制不住自己的时间，跑进跑出没几趟，天怎么就快黑了，夕会上还说得振振有词“我今天见了 2 个客户，做了 1 单理财产品，处理了一桩投诉，打了 5 通电话。”令人遗憾的是，这个时候，大多数主管一听而过，并不在意这些内容是否合理，还有哪些地方有再进一步的余地。

我们做过一个实验，驻点在一家支行，悄悄跟着客户经理从早到晚，暗中观察他们的一天究竟是怎样度过的。结论令人惊讶，至少有一半的时间是被浪费掉的。我们就以上述这位员工的回答为例，看看有什么问题。首先，见 2 个客户而其中一个又是投诉，从面访量来讲，就打了很大折扣。一个理财产品算做了 30 分钟，一个投诉算办了 30 分钟，5 通电话每通 10 分钟就 50 分钟，一共也就不到 2 个小时(如果有人感觉上述内容所需时间不止预测这么短，很可能是因为你动作太慢)。那么我的问题是，其他 6 个小时做了些什么？如果说有些时间用来处理杂事，包括整理客户资料、开会、喝水、上厕所、同事间必要的交谈，我再算 3 个小时，那么还有 3 个小时究竟做了些什么？如果主管问出这句话，他可以得 80 分了。通过我们的观察，同事的时间大多用在了看手机、与客户或同事过长时间的闲聊、上网、发呆等，而这些琐碎的时间累积起来，占到了一天时间的一半以上！

左图是平均了多位优秀的营销人员一天的时间安排后制作的一

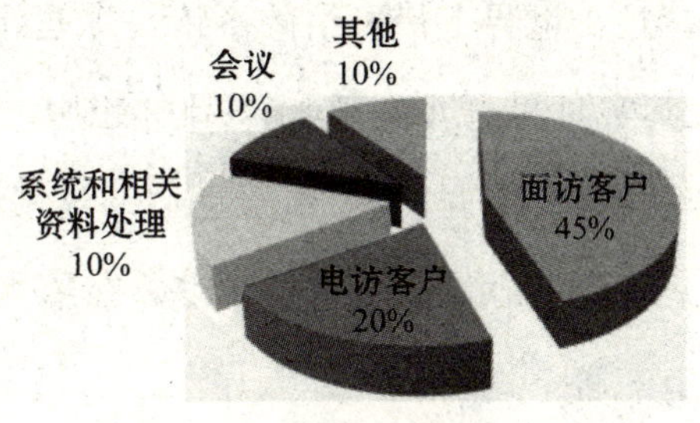

优秀营销人员每日时间分配

个模型，大家可以以此作为参考，去仔细瞧瞧手下员工一天的时间究竟是如何分配的。你可能会发现，他们面访和电访客户的时间，往往达不到 30%。在过程量管理工作中，我们最需要做的，就是促使他们大幅提高这个部分的占比，从而帮助他们积累客户，提升业绩。

陌生电话约访早已是各行业最常用的营销手段，手段直接，且单一客户所用时间短，但缺点是成功率低。对于新人来讲，这是一个非常理想的渠道。我自己在刚做一线销售时，除了见客户外，几乎所有时间都用来玩命地打电话，也因此被汇丰的同事们亲切地称呼为"Cold Call 王"。练到最后，每天打一批中等质量的 100 人的陌生名单，可以约到 3～5 个会面。比起做活动等其他渠道，这个方式的成功率确实不高，但如果每天能约到哪怕 3 个面访，都足以保证成为 Top Sales 了(除非面访时的成功率过低)。

一些员工抱怨没有时间打电话，其实，哪怕再忙，每天花 2 个小时打 50 通电话(未接通的与直接挂机的不算)的时间是一定可以挤出来的，当然也要掌握技巧，不能每个电话聊 5 分钟以上。同时要勤快，作为主管，我们不要再相信一天没时间打 50 通陌生电话的谎言，因为有太多竞争对手的销售业绩本已卓越，下班后都还在拼命打电话。有句话说得发人深省,“这个世界上最可怕的事情是那些比你聪明的人,却比你还更努力。”其实时间永远在那里,只要你想用。

在关注同事电访量的同时,也要留意他们的营销话述,因为,这反映了他们的营销思路,是提高成功率的关键。在陌生客户的电访中,常见的错误大致有三种。

第一种是语言平淡无奇,缺少热情。这既包含了语音、语调等技巧,也包含了态度。试想,一个有气无力或是平淡地连自己都打动不了的声音,怎么能感染我们的客户?更何况现在的客户个个很忙,两句打动不了他马上挂机。

第二种是爱问封闭式的自杀性问题,比如“不知您有时间听我讲5分钟吗?请问您感兴趣吗?您会买我们产品吗?”得到的回答99%是“没时间、不感兴趣、不会买”,客气一点的,会在前面加一个“暂时”,结尾加一句“不好意思”。同时,这样的话语,还让客户感觉问得很业余。

第三类问题是结尾时未约面访。打电话的唯一目的就是约见面,因为没有生意可以通过电话全部完成的。有的同事在遇到比较健谈的客户时,似乎一下子从频繁被拒的无尽挫败感中找到了自信,兴奋地与客户从股市聊到小孩子,从经济谈到政治,最终愉快地放下电话后才想起没和客户约见面的时间。另外,如果遇到暂时不想见面的客户,也要在电话里和他确认下次通话的时间,为下一次联系铺好基础。技巧的部分交给员工培训去解决,简述以上这几点,只是希望抛砖引玉,提醒主管在日常管理中进行关注与督导。

一天两次的面访量并不算一个很高的要求,但要特别强调是新客户,如果按此频率坚持一年,见过的客户数量在520人次左右,按平均30%的转化率,一年可新增的客户数在150人以上。电话约访的成功创造了面谈的机会，面谈的成功使潜在客户变为真正的客户，这个营销过程，引出了著名的“销售漏斗”理论。该理论认为，营销的过程是可以量化管理的，是由面访量与一个系数相乘得来的。这个系数就是之前提到的成功率，培训与反复长期的训练可以让该系数变高。而面访量是一个主观上可以控制的因素，提高业绩的关键是扩大面访量。无论是通过营销活动还是渠道转介，最终都能在面访量这一个指标中反映出来，这就像卖蔬菜水果，商贩们的生意最终要在与客户面对面的讨价还价和挑挑拣拣中实现一样。

主管依然可以通过管理报表对面访量进行精确的管理。表由我们设计，员工每天花 5 分钟时间填写，在下班前发给我们，这样的一个小习惯，既有利于我们对其每天工作成果的检验，也可以作为电子台账，方便同事们管理自己的客户。

面访管理样表

客户姓名	电话号码	客户来源	面谈日期	访谈内容	客户需求	结果	下一步
×××	139××××××16	营销活动	×月×日				
×××	138××××××32	客户介绍	×月×日				
×××	136××××××69	Cold call 客户来访					

一些人可能会担心，这样的一张表，假如员工乱填应付了事怎么办？方法其实很简单，主管们应不定期地去抽查其中的部分客户，以回访的名义侧面了解该面访是否真实。之后的每周、每月、每个季度，把面访客户表汇总一次，便能了解到该同事整月的面访量，拿去与这批客户最终的营销结果作对比，就可以得出其成功率。究竟是客户见得太少，还是水平不够成功率低，通过这样的分析就一目了然了。当你让他们感觉到你看重该报表所反映出的信息，并常常针对该表中发

现的问题向他们提问时，工作量管理的效果就会逐步显现出来。

我们在第三章中讨论过激励员工的话题，现在我们来研究下制造压力。在过程管理中，常常会出现许多盲点，许多问题其实一直存在，但从来无人提起，甚至没有被发现过，若干年后一次纯属偶然的机会，却由《皇帝的新装》中的那个“小男孩”不经意间说出来。

作者与渣打银行大中华区主席曾璟璇

在管理工作中，态度上凶狠总有些虚张声势的嫌疑，也唬不住能干实事的人，其他的假大空花架子也是一样，不会给公司的发展带来任何正能量。最能触动人心的，是深入至事情的各个角落，下足了功夫仔细研究之后的真知灼见。这就像之前我们提到过的提问式管理一样，通过触及盲点，给员工带来的是最为深刻且具体的影响。著名企业家，前中粮集团掌门人宁高宁在日常管理中，有一个十分显著的特点，特别爱问“为什么”，大到探讨产业链布局，小到自己逛书店，他都能从细节出发，问出很多为什么。有人认为他是国企改革中的理想主义者，但他始终认为，现状永远有缺陷，作为管理者，最为重要的就是站在更高一点的位置去发现这些漏洞，并让员工知道，为什么要做这样的改进。

第三节　报表管理——读懂数字背后的信息

在日常走访中，我留意到许多主管平时没有看报表的习惯，更谈不上研究，总行问起来有没有收到某项报表，都说收到了，但往往简单瞟一眼排名后就存档或扔进回收站，再也想不起来翻翻看了。针对每个同事业绩当周的变化、当月的变化、近几期产品的销售情况、与计划相比的差距、关键指标的进展、团队的平均完成情况、与其他团队的差距，等等问题，并未被这些主管真正关注过。因此在对员工的评价上，很大程度上依赖于印象，当遇到员工忽悠他时，要么任其轻松过关，要么强压，没做足细节上的准备时，结果永远是这样被动的。

做好报表的管理，首先应养成一些好的习惯。比如，常备一些不同颜色的荧光笔，透明活页夹，尺子等。我的总监是一个在零售银行摸爬滚打了30年的专家，在报表管理上，她是绝对的权威。我发现她的桌上永远放着三根荧光笔、分门别类的各类文件夹、一把直尺和一个计算器。荧光笔用来标注报表中的重要信息，文件夹用来有序地区分报表，直尺用来在阅读报表时准确定位，以免看错行或列，计算器用来对表中的数据进行一些即时的计算与分析。透过她办公室的大玻璃，我常常看到这样的情形：她戴上眼镜，左手按住尺子，右手夹着笔，在一张张大大的A3纸上一遍遍划过，重复地寻找并定位，时而手指在计算器键钮上快速敲击着，时而低下头似乎在找些什么。过一阵，她会摘下眼镜，面带微笑或一脸严肃地拿起电话拨给分行，根据刚刚的分析结果,表扬或批评电话另一端的主管。她也常把我叫到办公室,教我从不同角度研究这些数字,有时也会一同探讨如何使表做得更具杀伤力。她说:一张设计到位的报表,可以帮助主管从多个角度去掌握员工的情况,同时,这份报表让优秀的员工满怀期待,而让末位员工紧张甚至害怕。

常年的管理经验使她可以一眼发现表中存在的问题。记得当时刚来这家银行,我自己做了一份上海客户经理的中间业务收入表,美滋滋地拿去给她看。她扫了一眼后,并没有立即指出问题,而是问道:"你的这些人员是按什么顺序排的?"其实她早已看到这张表上的人员是没有顺序随机排列的。接着她又问 :"是否应该把他们的主管名字也放在表上呢?"她是想提醒我,这样做可以让分行的主管们感受到更大压力。最后她问道:"这些人的综合排名怎么样?"她是告诉我,在展示员工某一项指标的业绩时,也可以放一列综合情况,这样在批评同事时,不至于忽视他在其他方面的贡献。那次以后,我开始特别留意报表的管理,也开始真正感受到报表的力量,并逐步品出了报表的一些妙处。

基本技巧

报表一定需要有表头,这就好像文章要有题目一样。表头不宜过长,主要文字最好在 6 个字以内,比如"个人存款日均",让人一眼就知道是反映存款业绩的,同时是个人存款,而不是公司存款,并且,这是关于日均的,而不是余额。那么,此处的个人存款日均究竟是指哪个分行的,哪个年度的,等等,可以用后续的小标题指明。比如要反映全国各分行 2012 年每月的情况,不妨写成"个人存款日均—2012 分行月度情况”。小标题主要是给那些想进一步了解该表的主管作个参考，如果将该标题写成“2012年度全国各分行个人存款日均月度变化情况表”，共21个字，内容过长，要读到第9个字才能看到关键词“个人存款日均”出现，到这里才明白是关于存款的一张报表，而主管此时可能正在急着寻找一张贷款报表。

紧跟表头的一排也很重要，通常放制表日期、单位等信息，这在很多人看起来并不重要，事实恰恰相反。系统“跑数”需要时间，报表业绩常常是滞后的，当同事找你问为什么他自己统计的数字与报表数不一致时，第一步是应先核对报表日期的，如果没做这步工作，就将无法判断问题出在哪里了，究竟是同事根本就没出单呢？还是在系统录入错了？亦或是没到报表日呢？另外，一些与销售奖励相关的敏感报表或是给监管机构备案的报表更需小心，当陷入混乱时，最后一刻，可能是报表日期来保护你。关于单位，这是一个常识性的要求，如果表中数据均可以用一种单位表示时，一定要在这个位置统一写明。

表中往往是大量数据星罗棋布，为了使得报表规范且美观，首先应将表格的标题项和结论项（如“总计”或“人均”）特殊标出，可以用放大字体的方式，更好是用颜色来区分。其次，表中的数据使用统一规范，文字类的统一居中，数字类的使用右对齐，所有数字每三位设置分隔符。在数据排列方面，需要一个按某项标准升序或降序的排列顺序，而不可随意排列。在查看报表整体效果时，应留意字体和大小是否统一，列距或行距是否一致等。同时，检查是否应添加标注，如有需要，应在报表下方列明。报表完成后，应在Excel中对该张工作表起名（报表下方），并将空余工作表格删除。最后，检查打印预览，判断应使用横向还是纵向打印表格，对于数据不是很多的情况，最好设置打印在一页中。多数时候，这些表不会是我们自己去做，但应该将这些原则告诉我们的“表兄表妹”，以便这些报表可以更有效地为我们服务。

进阶招数

做报表到了一定层次，其实比的是经验。表格中的千百种变化，关键是看能否为你带来足够多的信息，并据此使员工们切实得到应有的鼓励或是压力。

第一个原则是常对表格的设计进行微调。兵无常势，水无常形，能够根据不同阶段的需要在表格中进行相应的调整，不断地创新出报表中新的参考点，可以有效地冲击员工的怠慢心态，使他们产生一种看不透你底牌的担心，不断地努力以避免落入新规则当中的末位。

曾经一段时间，总行计划快速提高中间业务收入(下简称中收)。为了使同事多营销结构性产品和银行保险类产品(下简称银保)，我们设计了一系列措施，并通过报表的变化不断给落后员工施加压力。

首先，我们对当时情况进行了摸底，发现有近 1/4 的同事当年银保一单未出，于是我们把所有未出单人员的名单做成了一张表，发给了这些同事。他们此前从未收到过这项专门指标的报表，这次报表发出后，他们无法再像往常一样可以潜伏在众多指标中而不易被人发现。同时因为邮件也抄送给了他们主管，因此有些坐不住了。2 周后，我们对此报表进行了改进，新增一列，将每个人直线主管的名字也放到表上，他们的主管也因此陪着他们被曝光，心里肯定不是滋味。这时，已经有一些同事开始陆续出单了，可能觉得自己不能连累其主管跟着一起尴尬。

2周后，我们又对该表进行了修改，新增一列该员工的预期通关日，因为光让他们努力达标是不够的，我们要求这些还没达标的人员通过视频连线，当着总行领导的面，和其主管进行产品销售的角色演练。显然没有人希望下了班在众目睽睽下和其主管进行通关，传出去也难为情，分行会尽一切努力避免这样的事发生，这是我们希望看到的。当然，这个通关时间我会留1～2周给他们，因为和总行通关不是目的，目的是赶在这个时间前促使他们达标。总有几个不争气的到了通关时间还是不行，我们会在这个时候告诉他们，表格再一次进行了更新，新增一列要求其填上之前一周面访客户的详细情况。有哪一个员工希望每周把这些详细情况写下来给总行看的？没问题，如果不想写，就赶紧出单。通过一轮轮表格的变化，只用了2个月，所有同事全部出单。当然这其中也有几个同事顶不住压力辞职的（均在综合排名中垫底），也是我们希望看到的。

在清零战斗结束后，我们立即对那时的情况做了分析，发现占总数1/3的人在清零后即停滞不前了，远未达到与时间进度相对应的指标，于是，我们将关注的目光投向了这批同事，又开始了新的一轮报表创新过程。我们定出一条红线，找出所有未满足这条线的员工，将原表格中按个人业绩排列的方式，变为先按分行未达标人数降序排列，再将分行内人员按业绩升序排列，导致未达标人数最多的分行和这个分行中业绩最差的个人会出现在报表的上方。这就提高了分行曝光度，增加了分行的压力。约2周做下来后，我们进一步调整，在报表中这些员工的姓名旁加上了标注，注明了该同事已经收到警告信的次数。同时，加上了这些同事的入职时间、客户数等信息。再往后，我们改变了该报表的发送对象，将仍未达标的同事按分行分批抄送给各分行的一把手，并会再新增一列，说明该同事是第几次上榜了。在不断变化的表格设计中，又一批人员达标了。照此思路，我们继续进行数据分析，再参考时间进度定出一条红线，进行新一轮的督导。就这样，通过神奇的报表管理，持续不断的内容变换，促使团队业绩步步提升。

“红线”管理表

姓名	分行	直线主管	入职年月	综合排名	上周约访数	预计达标时间	预计通关时间		理财	银保	中收合计
人数总计								平均中收			

第二是不定期地改变报表发送频率。比如某份业绩报表的正常发送时间是每 2 周一次，而内容恰恰又是比较重要时，那么当到了临近季末、半年或整年末等重要时段，可缩短发送周期，加快发送频率，改为每周一次。到了在一些关键时刻，如营销竞赛的冲刺周，可改为每天一次，甚至每小时一次（当然要有必要的支持系统），变为时时战报。报表是为管理者服务的，当有这个需要时，主管应主动想办法取数，改变规则，而不是坐等那个传统的报表日，而遗失战机。

第三是要研究报表的接受对象。一些常态化报表的接收对象往往是固定的，但如果有需要，主管也可以围绕这张报表继续做文章，以达到最优效果。比如你在一张表中读出了重要信息，如某位员工比较过分，多周业绩不理想，态度也很消极时，可通过邮件将该报表转给这位同事，将要求他回复你预计达标的时间与方法，同时抄送给更高阶

作者在浙江工商大学 MBA 班演讲

的主管，甚至可以抄送其他同事，以引起他的紧张和适度难堪。反过来，对于一张本应转给更高阶主管的业绩报表，如果一名同事某些指标已开始进步，但在这张报表上因为时间关系还没有明显体现时，可将该同事进步的指标特别摘出贴在邮件正文中，这既缓解了高层对该同事可能的不满，又鼓励了该员工的上进，他会知道，原来你真的关心他。

第六章　主持

会议管理

坐上主管位置的我们发现,具体客户层面的事务变少了,随之而来的是似乎永远不会结束的“文山会海”。文山的事儿不是本章要讨论的,而令人应接不暇的会海,却是许多主管听起来厌恶,做起来无度的差事。虽然知道下面早已怨声载道,而某些主管却在会议中继续我行我素,摆着官架子,利用员工的宝贵时间重复着车轱辘般没有重点的废话,能 1 个小时开完的会,一定要拖到 2 个小时,也难怪说起开会,大多同事嘴里不说什么,内心是极其反感的。试想在这样的状态下,开个会能有什么效果?

前两天看到一则消息很是令人兴奋:中共中央政治局带头改进工作作风,要求“精简会议活动,开短会、讲短话,力戒空话、套话。并精简会议简报,凡没有实质内容的文件简报一律不发”。这是中央高层针对长年形成的具有中国特色会议文化的一次正面交锋,反映了改革从细节做起的坚定决心。

我们的一些主管,在开会时习惯了使用“领导语言”,似乎这样才显得更有“腔调”。他们常以三段式的俗套贯穿始末:先是笼统地总结一下前一阶段的工作，并美其名曰“抛砖引玉”，我想问，你打算（把责任）“引”给谁？接着提出下一阶段的所谓“部署”。比如，他们会说“下一阶段我们的重点是要卖 * * 产品，大家要多想想，怎么能又快又好地把它卖出去”，我想说，为什么不是立刻让大家借会议机会理出营销思路？而仅是想想，“想”的工作不能在会议前要求大家去研究吗？最后一步就是号召落实，高频句式是“说了很多，关键是大家要狠抓落实，强化措施，全面达标”，我又禁不住要问，怎么抓落实？喊两句口号就能落实了吗？具体落实哪几项工作？什么时间回顾？之前的落实情况怎么样？需要配套什么资源？等等。假大空的弊端，让我们浪费了太多的时间！作为营销管理中重要的环节之一，我们有必要研究一番，看看过去我们召开的会议中发生了些什么，又有怎样的技巧让会议为你的管理添柴助力。

第一节　千奇百怪的“会”

走访工作中，我遇到过很多稀奇古怪的会，有把营销会议开成政府工作报告式的，也有开成茶话会的，还有开成个人演讲会的，会议结束后，同事们一句话没说的也不鲜见……

再谈效率

在会议前，很多主管不告诉员工究竟要讨论哪些内容。曾经出差去南方某分行，一个主管很得意地跟我说，他开会从来不提前告诉大家要讨论什么内容。我便实地参加了一次，结果发现会议本想讨论一款产品的营销方案，结果许多时间用来解释这个产品的基本结构了，真正研究营销方案的时间只有最后几分钟。

一个良好的习惯是在会议前至少一天,列出会议的主要议程、希望解决的主要问题、每项议程的讨论时长、参加的人、会议的时间地点以及会议材料等内容,通过邮件等方式让所有参会人员提前准备。准备的过程是一个很好的学习机会,并且避免了在会议中再抽时间去解释一些基本概念的麻烦。

会议需要有一个明确的主题,很多会超时1~2个小时的原因在于,主管在会中什么都想谈。明明是一次业绩的回顾会,主管忽然发现有人对某个产品还不熟悉,竟然自己津津有味地给他培训起来,这对于那些已经掌握了该产品的同事而言,是十分不公平的,陪着还不懂的人在会议室坐着,你知道他们会怎么想吗?他们会觉得自己会前也不需要准备,反正会中还要再培训。不言而喻,如果有必要培训,大可另外安排一次专场,避免削弱营销会议本应有的力道。一些人的不良习惯也到了必须要改的时候,比如我们常听到说"我最后再补充一句",结果这一句说了大半个小时。营销会议不是做个人演讲,而是要通过会前的调研和数据的分析,在会议中有的放矢,追索与会者应向你提供的数字或目标,并彼此达成共识的一个过程。

一个原则是:重要的通知提醒发邮件,知识掌握靠日常,营销推动建项目,业绩促动用会议。在会议中,是你的促动对象当着其他同事的面与你正对的大好时间,应当要求他们一一在会议中讲清楚下周计划,并安排专人记录下他们的自报目标,作为下一周开会追踪的依据。

有的主管却习惯提封闭式的问题。有一次,在参加位于渤海湾一个分行的营销会议时,主管问一名同事:"你已经好几次没有完成计划了,接下来你要想办法多做一些,知道吗?"该同事回答说:"知道了。"

会议中的一场谈话竟然就这样轻松地结束了，我想问的是：好几次是几次？多做一些是多少？他打算采用什么样的方法去做？做到这些需要准备多少客户？多长时间回顾一次进度？所有这些实质问题一个都没谈，这就过关了？后来，在与这个同事闲聊时，他这样说道："我们老板很好说话，不会订这么细的，我们开会通常回答好和不好，是或不是就可以了"。很明显，同事们根本不担心以这样的业绩参加这个会。

会议中有必要向混日子的人发难

我们还应关注前几次计划的完成情况，并将此作为判断该员工说话是否靠谱的一个重要依据。

我曾经管理过杭州与南京两地的贵宾理财经理，期间，我遇到了一个比较极品的老员工，业绩永远完成不了，但"打太极"的功力非常了得，是既自然又诚恳，几位前任主管心有余悸，在我还没上任时就给我提前打过预防针，让我做好思想准备。到任后，我坚决推行精细化管理方法，使他可偷懒的空间越来越小。他有一套手法，特点是在报计划时会加很多水分，先在报的时候来个滥竽充数混过关，接下来，再用个把月时间编造完不成的理由，有时到了月末，由于时间过去较长，甚至主管都记不清他此前报了多少，让他一个月一个月蒙混下去。在了解到这个情况后，我将每人上报目标的频率加快，改为每周一报，同时会把每人过往8周自报计划的最终完成率全部准备好，在每周销售会议中，逐一盘问。

一开始，"老油条"又拿老一套对付我，说某某客户爽约，导致计划无法完成。我根据他说的记录下来，在下一次开会时，告诉他已经1

次没完成计划了，为什么这次又没完成？接下来一周，我会提醒他已经连续2周没完成计划了，这次又完不成？就这样，当他第6次没完成时，正逢季末，我出了改进计划书，他心服口服。同时，我在会议中不断追问，前6次每次没完成的原因是什么。偶尔他完成了一次当周目标，我会让他看此前记录，为什么8周过去仅1周完成计划？他被我搞得很辛苦，每次挖空心思地想理由，直到当着大家的面，自己都觉得不好意思了。就这样，2个月时间，终于让一个"老油条"有了每天惴惴不安混不下去的感觉。之后，他选择了辞职。我觉得，要求解此类难题，管理者必须有打破砂锅问到底的决心和意志，这也是有效构建营销文化的必要条件。

会议中主管最重要的一项工作，就是了解上一阶段目标未达成的原因，以及和员工就下一步业绩达成共识。所以，自己不要讲太多，应把大部分时间留给同事们。我们的一些主管一开口就好像在作报告，断句非常频繁，一句话中间要停顿3次以上，并在每句话开头加上"那么"，结尾后加上"啊"等语气助词，一副侃侃而谈的架势，结果10分钟过去，总共讲了不到30句话。自以为字字如金，其实无非是从电影电视上随意学来却用错了地方的作派而已。

或许我们都开过一种名为"务虚会"的会，在这种会上，不需要谈具体的措施，只用畅想未来方向即可。要我说，这种会有必要，特别适合部门与部门间的交叉会议。这类会议有个特点，就是每位与会人员彼此均不太了解对方的业务，在这种情况下，务虚的形式可以有效调动每位同事从新的角度去看一项业务，通过头脑风暴，容易碰撞出新的火花。反正说错了又不负责任，想到哪儿说到哪儿，最终执行的内容有20%～30%就很不错了。可是，不少主管错误地将营销会议开成了务虚会，从务虚的角度去谈严肃的业绩问题，结果可想而知。

第二节　会议成功的几个小技巧

控制好时间

如果我们不尊重员工的时间，他们也不会在意你的时间。一些主管脚踩西瓜皮，滑到哪里算哪里。会议时间不是根据每项议程确定，而是拍脑袋想一个整数点作为结束时间，比如5点20分开始的会，不是6点20分结束，也不是6点45分结束，熬也要熬到7点才结束。我们应常常反思一些惯性行为，当这种行为成为习惯时，我们甚至都不会再去想为什么要这样干。这让我想起小时候折纸飞机，折好后放飞前，都把机头转过来对着嘴哈两口气，到现在我也不明白是为什么。

会议纪要不可少

做会议纪要，就好像你去公安局报案，警察叔叔要记笔录一样，为了在将来需要时，有据可查。曾经一次，我们给分行培训一项推荐海外账户的业务，但未做培训记录，很多个月过后，由于一家分行经办人员业务的不熟练，使得客户未提供几项重要材料，导致账户无法在客户要求的时间前开设成功，引起投诉。海外分行在安抚好客户后，致电我部，要求提供当时的会议纪要，希望在当时的参会人员中，找到该名同事。然而当我老板问起此事时，我惊讶地发现，我们当时没做会议纪要，连培训的日期也说不清楚了，更不要说查到那批参会人员的名单。结果，自己搞得很被动，并为此和海外分行解释了很久。

会议纪要写好后，应发给所有参会的人，内容切忌繁琐，只需记录会议谈到的一些要点问题。对于一些需要跟进和回顾的纪要，可以在纪要中每条跟进项的右侧多加三栏，一栏列出该项工作的具体负责人，有问题可以找他；另一栏列出预期的完成时间，以供回顾时参考；第三栏用来逐周或逐日更新最新进度(如下表)。而后，拿着这张表，每次会议中与同事们回顾，并可以把已经完成的项目删除，或添加一些新项目上去。

会议纪要

<table>
<tr><th>序号</th><th colspan="2">会议跟进项</th><th>负责人</th><th>完成时间</th><th>最新进展</th></tr>
<tr><td>1</td><td rowspan="2">业绩目标方面</td><td></td><td></td><td></td><td></td></tr>
<tr><td>2</td><td></td><td></td><td></td><td></td></tr>
<tr><td>3</td><td rowspan="2">渠道开拓方面</td><td></td><td></td><td></td><td></td></tr>
<tr><td>4</td><td></td><td></td><td></td><td></td></tr>
</table>

巧“治”走神的人

为了保持所有同事在会议中的注意力，可使用一些小技巧来帮助那些走神的人。比如当发现某人低头玩手机，或某 2 人交头接耳窃窃私语时，可忽然停顿，并微笑地看着他们，什么都不用说。当现场一片安静时，他们自然会发现自己已经成了焦点，马上会收起手机停止交谈，乖乖坐正看着你。另外看到那些眼神木讷精神恍惚的同事，可随时提点问题给他们，直至搞到他们清醒为止。

签到与请假

最后一点，是会议的签到与请假制度。既然是制度，显然要像对待纪要一般地，留下这些记录。对于签到表的使用也有讲究，参会人员较多时，常会出现下面的情况：签到表上有他名字，也确实是他自己签的，但会议中却没出现过，或者是听了小半场后，拿手机做掩护，接/打个电话什么的，出去后就不再回来了。建议大家，签到表应挪到会后填。在有时间的情况下，每个季度统计一次缺席情况，比如缺席2次以上的有几人，3次以上的又有几人，分别是哪几个人。

顺便说说会议请假的处理。请假的弹性实际上掌握在主管手里，请假不犯法，家里有重大活动，比如亲人生日宴，或是碰巧有重要客户约你吃饭，在我看来都是应该请假的，因为没有人比你的亲人更重要。而如果出现一次会议中，半数以上人员缺席的情况，则不得不采取措施，因为这样下去会危及你的整个会议制度。在这个度的拿捏上，我们不妨参考下我曾经的一位领导的做法。首先，他是有要求的，即要请假需提前一天，发会议通知也是提前一天，如果某同事提前一天未请假，则头一天发出的会议通知中，将出现该名同事的姓名，并抄送给更高阶的主管。当天会议上，老板照着会议通知，看到谁没到，就知道谁头一天未请假。一般而言，提前一天编造理由的动力没有当天大。但对当天来找你的人，一律要做到一碗水端平吗？这倒也不必。除了那些非去不可的事情外，在常请假的与很少请假的二者中，准很少请假的；业绩好的与业绩差的中，准业绩好的。同时也要兼顾整体出席率，当有80%以上同事出席的前提下，接受请假的尺度可以适当放宽些；而当低于70%的人参加会议时，该尺度便需要收紧。另外，团队业绩表现不错的阶段可适度放松，表现不佳时要立即收紧。在对会议制度松紧的拿捏上，可比照上文中讲到的，在过程化督导中变化节奏的技巧，做到张弛有度，像央行根据市场变化，通过放松或收紧的货币政策，向市场注入或回收流动性来干预经济一样，灵活却不失严谨地掌控。

第三节 开好晨（夕）会很关键

回到每日的具体工作，主管应尽力提高早晚“两会”的效率，作为每一个营销日工作量的保证。

一天之计在于晨，早上就像股市的开盘，能否实现“高开”，关键是看你如何利用8点30到9点这半个小时。

我的一个在保险公司任寿险团队主管的朋友，要求员工每天早上8点左右到办公室，既可适当避开上班高峰期拥堵，又比别人每天多出额外的半个小时。当所有人到齐后，先不换工作服，集体下楼在公司附近慢跑15分钟。别小看这15分钟，是提振一天精神非常有效的一种方法。同时，定会让其他人感觉，你的团队很特别。回到办公室，算上喝水上洗手间的时间，大概在9点40分左右。接下来，花5分钟由一位员工分享最新的市场信息，每天由不同的员工轮流进行，内容基本覆盖所有热门的金融数据。最后15分钟非常关键，每人逐一叙述当天的工作计划，主管在此过程中只做两件事：一是及时打断那些当天工作量计划较少的员工，并与其迅速达成一个新的目标共识；二是做好记录，以供晚会对应回顾时，有据可循。最后，用1分钟做一些必要的提醒和通知。

每隔一段时间，可试着与中后台的相关部门联合开一次早会。当然，这是有前提的，更适用于规模较小的机构。对于营销团队而言，一些后台流程的变化和操作细节的调整，对你可能有着诸多影响，并

作者在给金融机构培训

且是保证规范经营的基础。同样，对于中后台而言，他们任何调整的出发点应该是围绕如何使流程更简洁有效，去除不必要的部分，这就需要参考前线反馈的第一手信息，所以两者相辅相成。另一种联动是在营销团队之间的，一些企业按产品线将营销人员分成了不同的团队，各团队只能卖自己“条线”的产品，如果遇到客户提出其他产品的需求，由于不懂，只能转介给其他团队同事，而业绩又可能无法算在自己身上，因此推介的动力不强，导致一些潜在客户的流失。这时，“交叉营销”非常关键，虽然不是自己主营的产品，但可以通过共同的会议，对彼此的基本卖点和客户群定位有一个初步了解，以便遇到潜在客户时，可以使用组合式的营销手段，调动知识库中的多种武器将其拿下。

曾在一家支行上班时，行长要求每天早会时，客户经理与后台柜员全部在大厅围成一个圈，以便彼此都看得到对方。在会议快结束时，提两个产品或合规的问题随机抽问，答不出来的人请其他同事吃冰激凌。由于事先不知道是否被抽中，又怕在其他同事面前丢脸，还担心掏钱包，每个员工都养成了好习惯，在头一天下班前，自觉地把最近的产品结构和一些重要操作指引过一遍。

经过一天忙碌，晚上6:00左右迎来夕会。大家坐下来回顾，在刚刚过去的8个小时时间里，我们究竟做了些什么事？哪些做成了？哪些遇到困难了？好与不好的标准就是与早会计划的对比，是超额完成了，还是缺斤少两了，一目了然。同时，夕会也是主管向员工了解内外部信息的好机会。很多时候，我们做了主管后，便很少有机会接触客户，也很少直面操作层面的工作了，这时，员工就成了你的眼睛和耳朵，你的大多数信息来自于天天在外面跑，回来后还要和内部相关部门打交道的他们。只有时刻洞悉第一手消息，我们才可能做出正确的决策。我们也应鼓励员工多提建议，一来训练了他们的思考力，使他们不单单做一部利润机器；二来节约了我们时间，我们只需从中选出最合适的方案，加上自己的一点修改，待经费一经落实，就可以试行了。

我们如果等待系统一周的跑数结果出来后再进行督促，时间未免过长；假如加快频率每天去系统抽取各项指标的数值，又需配置相应人员，从而导致劳动力成本的提高。一个平衡的做法是，设立报数机制，要求员工每天根据自己的销售台账做好记录。虽然不够准确（比如银行存款，大家都清楚进的款，却难以立刻察觉到出的账），但至少可以帮助每位同事及时了解别人的情况，看到每天的差距。同时，这对当天出单的同事，也是一种肯定。为了能让同事直观地了解到当天的业绩情况，同时看出截止当天月度或季度的指标完成率，可在会议室的醒目位置立一块业绩看板，将每人当天的出单情况按图表的形式展示，由专人负责每日更新和张贴(如下图)。

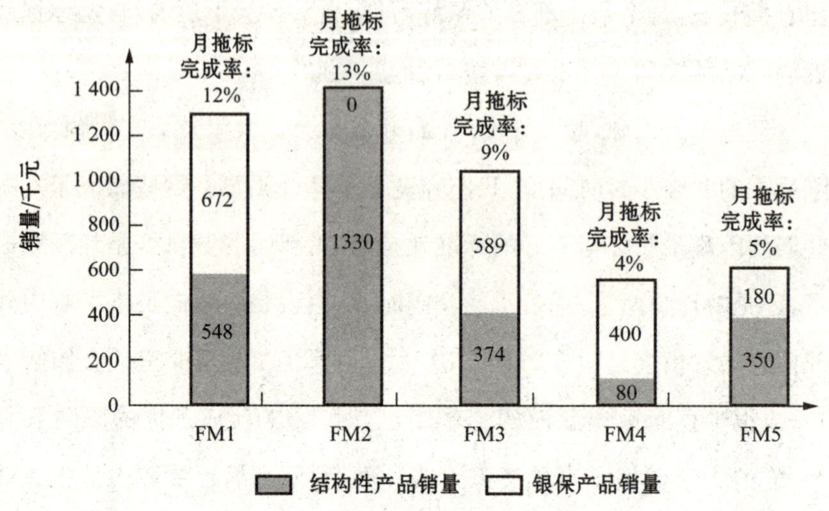

其实这个工作做起来很快，表格指标完成情况是现成的，只要向每个人问一下，一圈下来将数字填进表格即可，图便自动生成，形成习惯后，2 分钟内即可搞定。

会后，配合图标的更新，我们可将该表通过邮件以日报的形式发送给每位员工，对其中业绩突出者用“大字报”(放大字体)加以鼓励，并抄送给更高阶主管。

第七章　管家

客户管理

1980 年代时，江湖上就开始流传着“顾客就是上帝”的服务口号，随着时代的变迁，三十年后的今天，随着社会分工的细化，服务业的兴起，这句朴素的道理不仅不会落伍，反而越来越重要了。

客户在各行各业都是经营者的衣食父母。再精致的产品包装，再完善的绩效考核，如果没有把客户的需求研究清楚，一切都是空谈。通用电气的前 CEO 韦尔奇说，客户是企业唯一的资产，付出多大努力都不过分。主管必须从长期经营的需要出发，正确掌握客户管理的方法，才能使你的客户群不断壮大，并使你的团队在公司中获得足够的尊重。

第一节　分层经营布好局

就像任何机构都会有管理层级的设置一样，我们应该留意，企业是如何对客户进行细分，有体系地进行客户分层经营的。

分层经营的优越性主要体现在以下三个方面。

首先是给客户带来的感觉，不同层次的客户是不会接受同样服务的。比如，航空公司根据客户的体验不同，将座位分成了头等舱、商务舱和经济舱，票价相差悬殊。以上海飞伦敦为例，头等舱的价格在4万元左右，而经济舱只需几千元，那么既然都是同时落地，为什么有人愿意多付4到5倍的价格呢？让我们走进头等舱看一下，就知道为什么了：除了豪车接送、提前登机外，180度全真皮平躺式座椅，地道的法式大餐和美味的红酒，大屏幕影院以及各类杂志画报任你享用，美丽周到的空姐更是随叫随到，对于要飞十几个小时的国际航线，这绝对是一种舒适专属的美妙体验。富豪们觉得花点小钱，又不用挤在空间狭小的经济舱，是非常划算的。

现在流行一句话叫"你的社会地位决定于你所在的圈子"。无数以人脉或是圈子为主题的畅销书摆在了书店里最显眼的位置，各大高校EMBA的价格连续数年跳跃式地上涨。越来越多的人不惜血本，一掷千金地花钱买圈子，以增加将来的安全感。一些最顶尖的社交派对不是有钱就能去的，而是采取邀请制，达到一定社会地位才能入围。奢侈品为什么卖得这么好？因为其承担并发挥着一种差异化标记的作用，使所谓"有钱人"更容易从外形上被辨认出，而如果缺少"大牌"这样的媒介，他们似乎很焦虑自己看上去没什么特别。

所以说，圈子的认同感，促使所有的服务业不得不挖空心思地研究：如何给他们的客户提供分层式的服务，以免那些顶层的人不开心。曾经有一次，在答谢客户的旅游活动中，一个存款1000万的大客户，当得知坐在他身边的是一个普通卡客户时，活动结束后，竟立刻向我们投诉，抱怨我们组织不利，安排不周，全场没有共同语言。

其次，差异化服务有利于企业效益的提升。金融业是提供差异化服务比较早的行业。在各类商业银行中，个人客户常被以“卡”的形式划分为3类以上，最高级是私人银行钻石卡，最普通的是存折。针对这些类型，所对应的服务费用、产品报价均有不同。最高级别的客户几乎可以享受所有手续费率的减免，而普通客户跨行取个款都要被收取费用。这是由二八理论决定的，所谓“一视同仁”指的是服务态度，而不是资源投入，最好的资源一定是配置在对机构贡献最大的那部分客户身上的。比如在人员配置上，大客户都是由最有经验的理财经理一对一服务的。在国外，私人银行高端客户的几乎一切财产事务都是交给私人银行家打理的，这些理财师们整天陪着商界大佬们打高尔夫，或参加各种派对，以私人顾问的角色逐渐成为老板圈子里最亲密的一员。而在银行方面，这样的投入不会白费。这样的客户，每人每年带给银行的收益，仅中间业务一项就在百万元以上，更不要说存款利差收入等大头。而那些卡上仅有千把元存款的老百姓，通常面对的，只能是柜台或自助设备前长时间的排队等候。这便是现实，企业不是慈善机构，必须对有限的资源精打细算。

再次，差异化服务可以提高人员配置效率，其好处就是员工职位与客户层级挂钩。贵宾要的是感觉，小户求的是效率。如果让一个具有CFA资格从业十余年的资深理财师，去给一个家庭年收入不足5万元的夫妇讲财务规划，可能先提出反对的是那对夫妇，人家其实只想在路过银行时取一下退休工资，然后急着赶回家做晚饭。应该把这样的服务机会留给新人，让他们专门服务某一阶层的客户，这样既可以锻炼他们的能力，同时也为新人下一步的职业发展指明了方向：只要他们业绩卓越，就有机会根据客户的分层，服务再上一个层级的客户。这样，明确人员配置结构，不同职级的理财人员对应不同层次的客户，慢慢做上去后，就有机会从更优质的客户身上挣到更多的提成。

客户的分层经营是有前提的。以银行为例，网点的经营中非常强调大堂经理的重要性，每年也会进行优秀大堂经理的评选。为什么呢？因为，缺少了他的引导分流，整个营业场所围绕分层服务的各个环节便无法高效运转。就像一台发动机，尽管气缸、活塞、汽油一应具备，但如果没装润滑油，这套机构就是一摊烂铁，转不起来。我们在香港参观时，发现他们的大堂经理往往是由最资深的同事担任，目的就是使这个体系能发挥作用，这便是分层经营的前提。

硬件方面，要配置高低柜台、理财室、咨询台、分类窗口等，以在空间上进行差异化的准备；软件方面，要制定业务流程、研究分流方法、明确转介及考核机制。同时，要上线必要的客户管理系统和业绩考核系统，以便于监测客户情况变化和平衡不同营销同事间的利益分配。

做好了这些准备后，我们从部门间联动的角度，来谈谈客户交叉营销的第一个层面——跨团队的交叉营销管理。

第二节　部门联动交叉营销

零售产品是面向所有个人的，所以，在对外积极拓展渠道的同时，还要发挥公司内部的力量，调动其他团队的热情，使资源发挥出最大力量。这就需要我们认真抓好部门联动交叉经营的工作。

在一家股份制银行任科长期间，我们部门管理着逾10亿的个人客户资产，而公司部的资产超过40亿元，巨大的差距既体现了不同业务在一家银行中的占比，同时也为部门联动创造了可能。思路往往产生于数据的分析，经了解，我发现行里并未对现有的公司客户进行零售层面的分析。比如，现有的公司客户中，代发工资的企业覆盖率是多少？其中企业中高管开户比例是多少？通过我行进行理财和贷款的客户数有多少？等等。对于这些问题，在一开始大家都不太清楚。有了这些数据后，我们进行了进一步分析。比如，有代发业务的公司客户中，哪几个公司做到了全代发？哪几个公司的人均代发量较高？另外，已建立授信和贷款关系的公司有哪几家？我们的哪些产品适合他们公司的中高层干部？这些数据我们的部门不一定有，但不要紧，重要的是我们要能想到，并引导和说服其他部门与我们配合。

只要有配合，就会存在利益分配的问题。大到国家之间，小到公司内部都是如此，没有人肯白白干活。在我们发起主张时，一定要帮相对被动的合作部门想好他们的好处，不单是提成的分配，也有业绩的分成。我们在乎的是他们的客户一旦认可，有批量营销的机会，并为我们开拓了一条新的客户获取渠道。那么他们要什么呢？公司部的角色比较像部队中的空军，利用高精尖的武器隔空打击后，在战略高度占领一个城市。在取得实际控制权后，就需要派地面部队进场接管，没有哪支军队在占领一个城市后，不对这个城市的工业、农业等各方面资源进行渗透的。因此，拿下一个企业的订单后，要不失时机地对其大量的零售资源进行深入探测与开采，这样的工作就交给更具专业性的个人部负责。对于一个公司部同事而言，往往担心多一层其他人的参与会影响自己和企业的关系，而尝试过的人知道，引荐只是举手之劳，往往开个口就能给自己带来意想不到的丰厚回报。

曾经有一家钢铁企业在我们银行取得了授信，但却一直未使用，由于是优质企业，盯着他们的银行实在太多了，并且纷纷推出更灵活更优惠的条款向客户抛出橄榄枝。针对这一情况，我们行转换思路，通过部门联动，从个人业务的角度入手，迂回地解决了授信使用的问题。

经公司部同事介绍，我与个人部最资深的一位同事一道，对该企业的财务总监进行了拜访。在交谈中，我们了解到，他们的确有几点实际需求，一是，员工目前的工资卡没有任何优惠，每次收到工资后都要转出，比较麻烦；二是，公司的管理层想开展针对员工的一些外部培训课程，丰富企业文化。针对这些情况，我们立刻推出了解决方案，只要代发业务放在我们行，无论存款余额大小，统统为其员工办理金卡。他们一开始嫌麻烦，我们说不需要他们的员工来银行，上门为其办理。同时，行里安排了两名具有 CFP（国际金融理财师）资格的讲师，每周上门一次为其安排系列的员工投资理财讲座，现场还安排了形式多样的抽奖。两个月下来，有 18 名该公司的员工在我们银行开户并购买了理财产品。接着，我们进一步推出了专门针对企业中高层的论坛，请证券公司的有名的分析师来讲资本市场的知识，这样，又帮助了券商开展经纪业务，作为回报证券公司也为我们转介了一批客户，两全其美。之后，我们和该企业的总经理成了很好的朋友，关系甚至超过了他和我们的公司部。通过我们的推荐，他选择了一款基金，两个月时间比较幸运地涨了 7%，远好于他已投资多年的股票。心情大好的他邀请我们餐叙，我顺便叫上了公司部的那名业务员，席间，这名同事在酒过三巡时把握时机，提出请这位企业老总尽早使用授信，该老总爽快地答应了。

联动永远是双向的。企业由一个个自然人组成，高净值的个人客户中，有很多是企业主，他们的公司往往有贸易与融资的需求。联动的一项准备工作，是先对其他部门的业务有基本的了解。这其实很容易，但却少有人愿意做。在合作之初，聪明的方法是自己比对方多付出一点，下一次人家自然会想到你。我曾经进行过统计，自己的客户中，约有20%的客户来自于其他部门的转介，这类客户的营销成功率通常很高。我有一个习惯，在客户拒绝了我所有提议后，我都会问问他是否有公司业务等其他方面的金融需求。由于我了解其他部门的基本业务知识，所以总能问出一些比较专业的问题，这令一些客户非常意外。做营销目光要长远，我从不认为向客户推荐其他部门的产品是浪费时间。结果发现，每一个自己转出去的客户，都令我在未来的某一天得到了意外的回报。

主管的作用是为联动创造一个好的平台，使联动变成人人自发的行为。上面提到的一些联动，是基于客户在部门层面有交叉的情况，而有一些联动在部门的客户端是没有任何联系的。比如银行的柜台，是一个标准的操作部门，但如果仅把其作为服务客户的窗口，仅以每笔业务的速度和差错率来考核，而不借机进行与营销相关的联动，则其功能和机器人便并无大的差异了。

在柜员的考核中，究竟应该放入哪些营销指标，同时又能调动其热情，这考验着主管的智慧。通过研究，我们发现，每天都有很多大额交易的账户，而其中有理财经理维护的比例不足50%，于是，我们对这些账户进行了整理，分给个人部的同事进行跟进，盘活这些沉睡的资产。接着，我们将一些简单的类定存产品销售指标移到了柜台部门，在每个柜员案头放了宣传单页，每一个客户办理业务后，都要进行一句话的营销，一旦客户购买，就会帮柜员记录下相应的分数。当然，仍会有一些没有营销习惯的，多说一句话就会脸红的柜员不愿开口。我们未雨绸缪,提前就制定了监督机制,通过摄像头抽查,扣减该员工的考核分数。月末,这些分数将折算成钱,奖励柜员。对于较复杂的产品,我们也设计了转介方案,只要客户有兴趣,立即由大堂经理安排一名理财经理进行跟进,成功后双方按固定比例进行分成。

在搭建这个平台的过程中,我们发现它还有一个好处:有利于竞争。我们会对理财人员的跟进率进行排名,并保证跟进率高的同事有更多获得转介的机会。最终,部门联动平台形成了全员营销的局面,达到了资源最大化利用的效果。

第三节 产品配置深耕细作

如果说行内部门联动提高了资源的利用效率,那么产品的交叉配置无疑增强了客户的忠诚度,并达到了最优的营销效果。

一个有趣的现象是,在超市中,啤酒与纸尿裤的摆放距离通常很近,而且销量在周末会出现同比例的增长。为什么呢?原来,经过咨询机构研究发现,购买这两种产品的顾客一般都是年龄在25至35周岁的青年男子。由于孩子尚在哺乳期,多数男人都接到了夫人的“圣旨”,下班后带纸尿裤回家,而周末正是各类体育比赛的高峰期,一杯啤酒就着比赛是多么惬意的事!于是聪明的商家出此妙招进行组合营销。

配置理念

要说服别人,最好的方法并不是劝说。在营销产品前,我们必须站在客户角度想想,究竟他们需要什么?客户对各个产品的需求程度不同，每一样的比例应该配多少才够理想？当我们考虑到客户这些需求，并将解决方案打包呈现在客户面前时，他们会觉得你是真正站在他的角度在考虑，而不仅仅是把产品卖出了事。不讲究产品配置的技巧，就如同拿着一手的好牌，却因不考虑出牌的顺序与组合而输牌一样。

当客户把真金白银交到你手上时，他们希望你拿出的是专业的、敬业的精神，而非不顾一切地狂轰滥炸。以下图为例，它不仅显示出一个投资型客户应有的资产投向，也揭示出各类产品在这个组合中的不同作用与基础的比例。

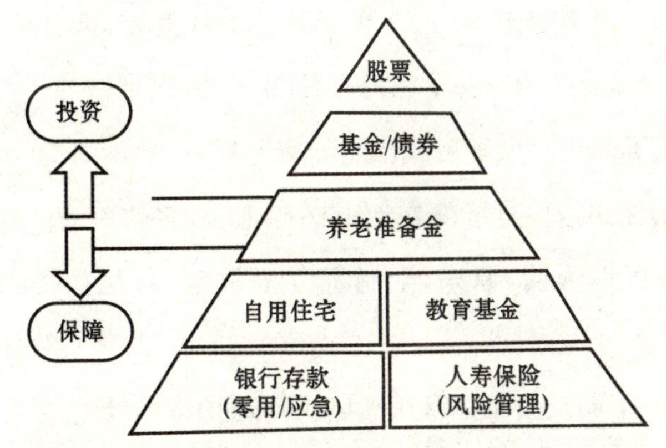

投资型客户资产投向

产品的组合可以有效降低系统风险，为客户带来更大收益。作为一个专业的理财师，应将这类资产组合框架与客户实际的风险偏好及所处的年龄段相结合，给出两个以上建议，供他们自己选择。具体操作中，可以在给客户的报告中利用“饼图”等直观的图形，展现出不同的产品组合，每个产品假设一个收益（可取该类产品前几期收入的平均值），并嵌入计算公式，按不同的投资比例进行套算，得出一个平均回报值。在该回报值的下面,放上一个同期的定期存款收益和股市大盘收益进行对比。这里,可将投资金额一栏空着,留给客户填写。随着所填投资金额的提高,表格会自行计算出一个逐步增大的回报值,这种经过分析得出的数字,可以很清楚地展现出:选择了“鸡蛋不放在一个篮子里”的产品组合后,投资收益高于仅投资单一产品,这会令客户下更大的投资决心。日后他挣了钱,会认识到,当时选用你帮他设计的投资组合是多么明智。

产品组合在有效提高客户收益的同时,对公司而言,最直接的好处是增加了销售额。这让我想起穿裤子的过程。

小时候,早上起来,我总喜欢套完一支裤腿后,再套另一支,时间是穿 1 条裤腿的 2 倍,也没觉得有什么不妥,直到被当过兵的父亲盯住指点,做了纠正。大了后我已然养成习惯:一次两条腿一起套上,同时就着向上拉的力,直接就在地上站起来了,多快好省。这样的生活小事情,也可以说明,原来,限制了办事效率的,往往是我们自己的思路。

曾陪一个朋友去家体育用品店买网球拍。本计划买了就走人,没料到遇见了一位非常有经验的“运动顾问”(脖上戴着胸牌)。她先赞了一下我们选的球拍,然后问道:“其他装备打算怎么配套?”

朋友先是愣了下,然后说:“应该不需要了吧。”

销售回应道:“这几筒球您看下,省的下次买时再跑一趟。”在我朋友正准备挑 1 筒时,她立即提醒:“今天搞活动,买 3 筒可以送一个拍柄套。”

想想不错啊,于是我们决定拿 3 筒。

这时,她又问:“你们不需要一个网球拍包吗?拎起来方便。”

“不需要了吧，平时直接放车后面就行了。”朋友答道。

“那我可要提醒您，好多拍子油漆掉啦、网线断啦都是因为不用拍包，乱放肯定要磨损的。您不买不要紧，我只是觉得好拍子需要好好保护耶!”朋友一想也有道理，就走向球包打量起来。

待我朋友看得差不多时，她随即说道:“最近天气比较湿冷，你们打球要当心耶，关节不能凉着扭着。诺，我们这款护腕正在热销，保护关节很好用的，现在正好搞活动，优惠就这 2 天，买一送一，您自己用一副，送球友一副，多合适啊，带一对呗。”见到我朋友有些犹豫，她接着提示道:“您看上的这款球包，里面有一个夹层，就是专门用来放护腕的。”

“你怎么这么会忽悠客户啊，你有跳槽打算吗？如果有可以和我联系。”朋友一边笑着说，一边在掏钱。

“呵呵大哥，您真幽默。我没忽悠，只是觉得吧，您那么喜欢网球，真的需要配套这些装备。这是我名片，您先用用看满不满意，下次您买体育用品找我就行，祝您球技会越来越棒!”几句话说得我朋友心花怒放。

就这样，一个小姑娘从配置的角度，谈笑间便轻松卖出了 1 支球拍、3 筒球、1 个球包、2 个护腕。

产品的交叉不仅可以提高销售额，往往还能增强客户的稳定性。我曾经的一位邻居常向我抱怨某家银行的产品不够好，我说你换一家银行不就行了吗，他一本正经地和我说“你以为这么容易换啊？我的工资在这家银行发，转出来麻烦；信用卡也是这家银行的，里面还有积分；另外我在这家行做了基金定投，每个月都要从借记卡里扣钱，现在停了也不是很方便”。过了些日子后，他没再提此事。几年后的一天，我俩偶遇，忽然想起他曾有这段苦恼，便开玩笑地问，现在有没有摆脱这家银行的魔爪，他竟有一丝得意地说："幸亏我当时没换，他们后来做过一次客户回馈，将一批有潜力的客户升级为VIP卡了，我现在可是贵宾！"

粘性效应

人都是嫌麻烦的，这就是一种普遍存在的"粘性效应"。当客户在一家公司配置了许多产品和服务时，无形中增大了该客户离开的成本，提高了他的粘性，我们便有大把的机会可以进行后续的营销。这就像谈恋爱，当男孩刚要到一个心动女孩的电话时，勇敢地走出了第一步，虽然可以每天发短信，但这种联系还比较弱。接下去，男孩以女孩的名义办了一张电影卡，并每周邀请她去看电影，而正巧该女孩也喜欢大银幕。这一次，多了一个与该女孩接触的通道，关系更进一步。但如果有矛盾，分手依旧很容易。再往后，他们结婚了，联名买了房子，并慢慢有了孩子，没有什么纽带能像孩子一样牢牢牵住双方，只要没有原则问题，有几对夫妇会因为些小摩擦就选择离婚呢？

我们在经营客户中经常发现，一个季度下来，明明拓展了不少新客户，但总体客户量却无显著变化，原因就在于因为"粘性"不够，新增的客户数仅能抵减流失的客户数。如何堵住这种"弱联系"导致的失血，发挥"粘性效益"而做到事半功倍呢？

反映资产配置的表格（见下表）有助于主管对客户的分析判断。它让我们清楚地看到，究竟每款产品的持有客户量是多少？分别占总客户量的比例是多少？最受客户青睐的前三款产品是什么？

资产配置表格

网点	客户经理	客户姓名	在行资产（元人民币）	资产配置情况						
				定/活期及通知存款	结构性理财	保险	基金	信托	个人贷款	信用卡
＊＊	张三	＊＊	600,000	√		√				
＊＊	李四	＊＊	270,000		√				√	

一次出差走访某西部省份，我们发现该分行零售客户的无效卡率非常高，而理财渗透率很低。究其原因，除了该地区客户的理财意识普遍较弱外，缺少客户管理是关键。我们同行长和部门经理进行了交谈，结果发现他们都不大清楚下面的问题：全行客户中，有多少人购买了基金？有多少人购买了保险？10万元以上资产客户的比例有多少？30万元以上的客户量又是多少？对于不同客户采取什么样的提升方案最有效？

那么，主管们在做什么呢？他们只是在每期产品推出时，问一问团队的营销情况，并在大会上喊两句口号，让大家“尽量做好”，基本就到这里打住了。我问一位主管：“你们行目前结构性产品的覆盖率是多少？”他说：“应该是蛮低的。”我再追问低是代表多少，他随口说了一个数字：“大约10%吧。”

在随后的会议中，按我的要求，他们设计了一张客户资产配置的表格，并让每位同事填写。因为是第一次被逼着从客户产品配置的角度来审视自己的工作，所以他们颇费了些功夫，搞了好儿天。结果一出来，让该主管大跌眼镜，他所谓的10%，其实仅为3%。我也很感慨，如果他们能早点关注这些问题，又何至于此呢。

完成了摸底工作，制好了表格，如果想了解某位同事所管理的客户中，某项产品的覆盖率，只需将该列的“√”数相加，再除以该同事名下的客户总数即可。我为他们的主管算了笔账，以他们分行1000个零售客户测算，即便增加5%，也就是增加50个客户，平均每人配置了30万元的理财产品，即可新增1500万元的理财销售，按1%的手续费率计算，等同于增加了15万元的手续费收入。而如果将该笔进账视作存款，之后可以正常贷出（排除存款准备金因素），假设银行平均息差2%粗略计算，等于增加了30万元的利润。

管理上一个小小的改变，对企业的帮助是如此具体而有效的。

那么，如何提高覆盖率呢？回到过程化管理的思路中，我们可以用递进的方式逐步展开。首先，根据现状定一个目标，并设定完成该项目标的时间要求。以这家分行为例，我们定出了9%的目标，并给了一个季度的时间，等同于每月在老客户中营销20笔理财。有了目标和时间计划，具体从哪些客户入手呢？这就有一个轻重缓急的问题，可以从以下几方面考虑。

一是从资产量入手，可选出其中比如30万元以上或50万元以上的客户，这条线划在哪里因人而异，主要是区分出自己盘子中资产较大、贡献率较高的那批客户。

二是从活跃度来看，可挑出近半年交易频繁的客户。

三是从判断客户是否有需要的角度，整理盘中曾经购买过产品、有一定经验的客户，或是资金长期置于活期状态的客户。此处，主管应留意一种情况，即员工认为某位客户不具有某种需求，是因为该客户曾提到过。但是，随着时间变化，客户的情况也一直在变：比如原来没钱买房，现在有钱买了；原来在公司打工不需要贷款，现在自己开公司需要了；原来认为不需要买保险，随着年龄增长或子女出生现在需要买了，等等。这些变化都会催生客户新的需求。一些需求变化要用较长的时间，另一些则每天都可能不同。我们应时刻提醒同事，在未摸清客户最新情况前，不要主观地下结论，而错过本应有的一些机会。另外还可从某类群体性客户入手，比如一批客户都是一个商会的，这些人容易相互影响。

这个选客户的过程，我们会要求他们在3天内完成。接下来是重点，我们每周会对这批客户的提升结果进行回顾，并从两个方面加以协助：一是要求他们整理出每位客户的基本资料，由分行产品组的同事给出资产配置的建议。二是要求同事每周在其中选出2位重要客户，请其支行的行长进行联合拜访。在分行达到9%的目标以后，我们将要求进一步提高到15%，并推出了严格的考核配套措施，如果半年内达不到，将在该名同事年末的个人综合考评得分中倒扣3分，这就逼着大家想办法，并从此形成了好的习惯。

有人会问，仅从产品配置率的角度考核客户增长真的有效吗？往往是折腾了半天，但由于单一客户的贡献量小，结果对指标达成并无大的帮助，还不如直接看产品的销售量。这个想法有一定道理，不过从培养同事产品配置意识，做深客户的思路出发，这么做更有利于长远，锻炼的是队伍的营销能力，而非一个简单的时点数字。

除了以上提到的对客户的收益、稳定性以及为公司带来的诸多好处，产品的交叉配置对于员工事半功倍地完成个人指标，也不失为一个重要方法。我们的员工一般都背着多项考核任务，而一项任务一般对应着一款产品，这就需要摸清各产品之间的关系，研究到底该怎样组合，巧借此力以实现效果最大化。

我的一个朋友在一家“有机农庄”做营销主管，常请我去他们家吃有机蔬菜，尽管我一直说没吃出有啥特别。开始以为他手下的销售很好做，产品单一，把有机食品卖出去就行了。后来一问才知道，他们的销售考核指标非常之多，从大类来说有蔬菜、水果、农庄旅游、其他副产品，等等；从小类来说，仅蔬菜中就分萝卜、白菜、茄子、土豆等十几个品种。他告诉我说，每一样都要下指标，不能偏科，卖不出去就烂在地里了。同时，他们在农庄中建造了一片“生态体验房”，其实就是包间，供前来参观的人吃饭、饮茶、娱乐，而这成为了他们另一个盈利点，也是他的指标之一。

为了实现诸多产品的均衡快速营销，他们颇费心机地收集整理了大量资料，制作出一份设计精美的人体营养结构图。在该图中，详细标出了每种维生素的作用与占比，并在旁边放上一张富含该种维生素的蔬菜或水果照片。围绕这样的组合，他们设计了大量的套餐，每份套餐里按营养比例搭配好各类蔬菜水果，这样既可以将各类产品在新鲜的状态下打包“一篮子”销售出去，同时通过营养搭配组合这样的养生提示，令客户感觉十分专业。

另外，围绕交叉营销的思路，每周他们都会送出几张免费券邀请一些公司到他们的农庄进行体验，宣扬一种生活理念，并给这些客户提供最好的有机食物和讲解。他们有信心，只要去体验过的客户，但凡有空，一定会在周末叫上亲朋好友过来坐坐。就这样，他们的各类有机食物通过产品的巧妙组合，在市场上受到广泛好评，并不知不觉地帮助团队全面完成了各项销售指标。

善用系统

系统的问题不是本章的重点，但在客户管理中却不得不提。很多企业都投下不少银子研发了客户管理软件，但在系统使用上，却疏于管理，甚至仍旧过度地依赖手工台账，导致现有资源不能有效发挥作用。

以银行的客户管理系统为例，其中很重要的一项功能是对现有客户的管理。在录入客户基本信息后，该客户的资料会与核心业绩系统自动关联，绘制出客户的资产配置表，显示之前购买产品的收益，提示产品即将到期的时间等各种重要信息，甚至包括提前三天提醒客户生日，非常方便。一些同事没有录入新客户信息的习惯，随便找张纸记录潜在客户的情况，到了给客户出方案的时候，由于那张纸找不到了，或缺少一些本可以通过系统轻易就能拿到的数据或材料，导致方案粗糙简陋，无法令客户心动。

另一项功能是对潜在客户的管理，大多数销售人员觉得麻烦，是不会在系统中录入潜在客户的。而对于公司而言，由于系统中未有这批客户的资料，一旦某一天该名同事离职，这些潜在客户的信息都将随之烟灭，对于给该同事提供销售平台的企业来讲，是非常不公平的。因此，已经有越来越多的企业意识到这个问题。

著名咨询公司罗兰贝格在对一家银行的客户系统所提供的咨询意见中，第一点就要求员工必须在系统中录入潜在客户的信息。除了上述原因外，也方便主管对其每天工作效果的掌握，并通过这些客户之后是否成功开户，来了解员工的销售水平。同时，他们配套推出了相关的应用，只要员工填入这些数据，计算机就会自动多角度，各种统计口径的计算与分析，比如面访成功率，最终客户转化率等，再将这些结果自动发邮件至其上级主管，并抄送到更高阶的主管。

第四节　直面投诉

服务性的行业总免不了遇到投诉，这类的企业没有哪家敢说从来没有客户投诉过。本来投诉是很个人的行为，但由于媒体的力量及网络的发达，常常会影响到企业的形象和声誉。如今，越来越多的企业开始注重投诉的应对。

有一次我叫了份麻辣烫外卖，不到20分钟就听见了敲门声，只见一个小伙子气喘吁吁地出现在办公室门口。收好钱后，他竟然双手递上一张名片，上面不仅印有叫餐热线，还有放大字体显示的"投诉电话"四个大字。我问："你印这么大干什么？"他说道："这正说明我们不怕投诉，并力争做到没有投诉的决心啊！"

将投诉当成机会

"将投诉当成机会"并不代表鼓励投诉越多越好，而是指当与投诉不期而遇时，不要慌张，同时对客户进行合理疏导，完全有机会借该事件让双方的关系更上一层楼。

银行的主管需要处理很多事务，这其中就包括应付各类投诉。

一次，总行的客户热线转了条信息给我（我兼行里的投诉主任）：一名中年妇女，对几个月无人与她联络很是光火，并提出，由于得不到及时的产品信息，她的活期存款损失了本应有的利息，要求银行赔偿。

按该客户的联系信息，我在临近中午时打通了她的电话。起初她不愿见面，我坚持要见，并且强调下午路过她家顺便拜访。她的家位于一栋豪华公寓的顶层，面积近300平方米，快赶上别墅了，进门第一眼没看见主人，只见一条纯白色的博美宠物犬向我拼命地摇尾巴。穿过一条走廊，保姆将我带到一个会客厅，才看到女主人正在给我倒水。她抬头瞧见面带微笑、手捧一大盆蝴蝶兰的我，顿时眉宇间透出些许和善。几句寒暄后，我说："您的宠物狗狗真可爱，长那么白，干干净净的，刚才进来时，还和我一阵打招呼呢。"

"呵呵，它叫雪儿，是我小女儿，看到她就什么烦恼都没了。"

"这么灵，你一定是从小就开始养它了吧？"

这一问，一下打开了她的话匣子，她把自己和这条狗的故事前前后后和我讲了十分钟。

"您家位置真棒，从这个角度看出去，整个城市尽收眼底啊。另外最厉害的我看是装修中的颜色搭配，这么协调舒服，一定花了您不少心思吧？"我接着聊她的房子。

"呵呵，还行吧，我年轻时学过美术，所以总喜欢自己来布置。"她说得兴致勃勃，带着我到每个房间走了一圈，那只小狗也一直形影不离地跟着我们。

"不过现在我画画少了，运动多了，常和朋友打打高尔夫和网球，年纪大了再不运动腿脚不行了，这不，过一会又有朋友来接我打球了。"她惬意地说。

"我真看不出您的年龄，气色皮肤都这么好，做到您这个程度不容易，你的朋友应该都羡慕嫉妒恨吧，又有财富又有时间做自己喜欢的事，你老公肯定也属于那种既能挣钱，又对你很好的家庭楷模。"看到她说得高兴，我就跟了下去。

"哈哈，他是不错，创业时我家的关系帮到了他，后来他自己努力又赶上了机遇，5 年前我们的公司已经在香港上市了！"她说得云淡风轻。

接下来，我又听她讲了很多他们家里的故事，也摸清了她家的基本情况。在她心情最好的时候，我及时说道："刚才聊得好开心，都忘记我这次为什么登门了。说心里话，真的对不住！我了解了一下，有3个多月都没人与您联络了。这次行里派我来专程拜访，也是登门谢罪，就是为了得到您的谅解，给我们一个机会，以后可以更好地服务您。"

"哎呀，其实也没什么，说让你们赔偿也是那天一句气话，你也看见了，我根本不缺钱，是好几家银行的贵宾耶，就是在你们银行没找到当贵宾的感觉。上次也是听朋友介绍，就在你们行开了个户试试的。之前的事不提了，以后我们打球你有兴趣一起来啊！"

至此，该客户已完全消除对立情绪，重新接受我们银行了。真是不打不相识，随着与该客户关系的增进，她的投资逐步增加，最终成为我们行最大的个人客户之一，存款超过5000万人民币。

对同一个投诉客户，不同的处理方法，效果大不一样。在还有机会使事态向好的方面转化时，一定要放低姿态，用真诚的态度换取客户的谅解。谁都会犯错，犯错本身没什么大不了，但如果避重就轻，闪烁其词，让客户看不到诚意，甚至一冲动与客户去争论谁是谁非，必定激化矛盾，甚至酿成大错。

有一高档家具店曾被媒体曝光。因贪小钱不算大账，他们悄悄地将一批沙发的皮革换成了PU皮(聚氨酯皮)，尽管骗过了一些客户的眼睛，但狐狸的尾巴早晚还得露出来。一位客户买了真皮沙发回家，手指按下去，褶皱非常均匀，越看越感觉有问题，便取了片样品去化验，果然有假：全部是PU皮！客户找到这家店交涉，本想要一个道歉再换成真货，结果，店长先坚持说不可能有假，然后就“忙”得不见了。

第二次上门，店方改口说是送错货了，在客户追问下，最后干脆说他们的沙发本身就分两个档次，一款是真皮，一款是仿皮，客户订的是仿皮。客户回家找出订货单，货号表明该型沙发只有真皮款。当初进店挑选，销售员也一直在讲真皮如何舒适，根本没提过什么仿皮。

一气之下，愤怒的客户将该店的行为发给了媒体。最终，在消协和家具城的共同调解下，该家具店赔偿客户沙发 3 倍的价钱，并被整个家具城通报，取消了次年合同到期后的续约。一次完全可以避免的纠纷，在消极和推诿的处理中不断升级，终至企业尝到不愿直面问题的苦果。

认清投诉的原因

有相当一部分投诉其实是客户想表达一种情绪，或是因为未被重视，或是因为有感不公，等等。实际上，他们要的是一种态度，诚恳的态度。就像在上文中提到的例子，事情的起因往往只是一种所谓“受伤”的感觉，来得快去得也快，关键看我们如何替他疗伤。

另一种常见的投诉类型在表现形式上像是挑毛病，其实是客户在展现自己的眼界与思想，这类投诉不是需要一个答案，更多的是一种抒发。比如，我曾接到过的一些客户投诉，有抱怨银行等候区没有放当日的英文报纸的，有抗议网上银行不能买某些理财产品的，也有指出咖啡不好喝、建议用什么品牌的，等等。这些声音都为企业的创新推开了新的一扇窗户，虽然某些意见可能不一定适合企业的现状，也可能并不具备相配套的硬件或软件支持，但都不失为一个可供考虑的思路，毕竟这些才是真正来自客户的声音与需求。

需要警惕的“投诉”是一些有目的的纠缠。曾出现过客户冲进银行营业场所，假装倒在地上昏迷不醒的；因浮动收益类产品亏损而辱骂踢打银行员工的；在风险测评结果的签字栏中故意写错自己名字的，可谓花样百出，甚至不惜做些有损其人品与形象的事，一个重要目的就是利用其对银行的某些道听途说，从银行骗走根本不属于他的钱。

曾遇到一个非常难缠的中年客户，在第一次找到我时，就反复说他与银监会某某领导很熟，但却被我的员工忽悠了，不情愿地买了一支他不想买的股票型基金，目前表现只有2%，而他当时想买的产品是年收益4%的类固定收益型产品，让我们银行把2%补给他。这本是一桩比较常见的投诉，我非常热情地接待了他，并耐心地听完他对整件事的描述。送走他后，我找到他的理财经理询问原委，才发现客户讲的根本不是事实，还找到了当时的电话录音，是客户拉着我们员工问东问西，而我们一直没有给出具体建议。也许是该名同事比较有经验，从一开始就觉得这个客户有点怪怪的。

接下来的事让我有点意外，这名客户竟异常执着，连续2周几乎每天来我办公室。我不厌其烦地同他多次讲了基金的风险和我所了解的情况，然而他依然我行我素，并且我本能地感觉到他带了录音笔，我的任何不耐烦或是语言瑕疵，都可能被他利用。终于，他和我交底说：多的也不要了，来来回回跑了这么趟，就要1千块吧——原来这就是目的。接着他暗示说，他认识很多媒体，这事捅出去，老百姓根本不关心谁对谁错，对银行声誉都会留下不好的印象。无赖真让我碰上了！在不知道他底细前，我选择了谨慎，并拨电话给其他支行的主管了解情况，未曾想这些主管都告诉我，他们也遇到了同样的情况，这人就是个“碰瓷”的骗子，用类似的伎俩游走于多家银行。

当他又一次来我办公室，得知拿不到钱时，竟说当时在做风险评估时的签字不是他本人写的，没有法律效应。还有这事？如果真是风险评估出了问题，那性质就变成银行为了业绩，不顾一切地把较高风险的产品卖给了风险厌恶型的客户，这可是监管机构明令禁止的。我们当即翻出他的确认书，将上面的签字与他其他单据上的签字做比对，确实不大相同，怎么会这样？原来他事先早有预谋，当时故意在签字上耍了花样……

有人劝我算了吧，给钱了事破财免灾嘛，我没有答应。很简单，如果这样做就等于我们承认自己有问题，而让这种人继续胡作非为招摇撞骗。在咨询了法律人士以及分行领导的意见后，我们约好律师到场，请该客户来了银行。当他看到我们动了真格时，人一下子就软了下来，一叠声说“误会了，误会了”，之后便再也没有出现过。

留意解决问题的顺序

大多数客户并不是碰瓷式投诉，没有那么阴暗的。他们迫切需要的是一个快速的反馈。机构处理起来，一定要以此为出发点。然而，企业一大，涉及的部门一多，有时处理起来就走了样，甚至让客户感觉像在踢皮球。

对客户而言，他们当然不会在乎问题出在了A部门还是B部门，人家要的是企业以一个整体姿态出现并尽快解决问题。一次，我的一个客户通过国内的一家外资银行申请代开该行在新加坡的账户，由于超过预计的时间，而拨通了投诉电话。接到投诉的分行主管迅速开始了解情况，并通知了相关同事召开会议，此时，该主管做的反应可以打

90 分。然而接下来，他将精力放在了究竟应该谁负责这个问题上，先后开了 3 次会，每人各说各的理。业务部门把问题推到培训部的头上，说该项业务培训太少，导致未及时告知客户最新的申请资料而补件，造成了时间的延误；培训部说问题不在他们，在于后台部门没和新加坡分行该业务的联络人及时沟通；后台部门却说由于业务部门没及时回复他们，遗漏了重要信息……为了证明他们说法的真实性，每个部门都拿出了当时的邮件或盖章签字日期等内容作为证据。2 个工作日过去，仍无法判断是谁的责任，至此，只能给这个主管打 60 分了。第三天，该主管给客户打了个电话，说他们已经在着手处理，经初步了解，问题出在新加坡分行那边，接下来要看他们那边的速度了。讲完这句话，我最多只能给他 30 分了，好歹他还是开了几个会。

该主管恐怕根本不了解客户代开海外账户的目的，是接收境外分红？还是打算移民？如果是分红，哪天下发？还剩几天？如果是移民，目前已经办理到什么阶段了？却花了一堆时间在找原因。这就像一家医院，如果遇到一个因血流不止而生命垂危的病人时，不是立刻止血，而是忙着问送他来的人有没有带齐证件，或是了解他因为什么而受伤，岂不是骇人听闻吗？当这名主管最终找到问题时，客户早已拂袖而去，并且发誓再也不去这家银行。

第八章　头狼

营销活动管理

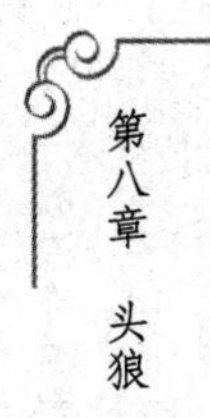

很喜欢姜戎的《狼图腾》，前后翻了两三遍，该书通过对狼的智慧、忍耐与团队协作精神的描写，将读者带入到一个崭新的狼的世界。后来又看了美国电影《人狼大战》，不得不佩服狼群这种极具合作意识的组织。我多次在演讲中将营销团队比作狼群，在这个组织中，个个身手不凡，嗜血好斗，之所以它们还能够保持纪律严明，步调一致，出奇制胜，关键得益于“头狼”的带领。

“主管”这个称谓，使我们当仁不让地肩负起“头狼”的角色。抓营销管理工作需要身先士卒，除了做好客户的协同拜访、团队投诉的处理等，同样重要的，还有策划、发起并组织各类营销活动，打造并拓展一个平台，帮助下属尽可能地接触新客户或回馈老客户。

第一节　善用活动

在过往的走访中，我们发现不少主管很少组织营销活动，或者活动完全交给下属做。问到原因，绝大多数的回答都是感觉费钱费力效果却不佳，真是这样吗？为了把这个问题解释清楚，我先从如何理解营销活动开始讲起。

让别人肯将自己包里的钱心甘情愿地掏出来给你，是需要动脑筋的。

先以“处对象”为例，假如男生对女生说“我很爱你，嫁给我吧，我会让你幸福的”，这叫推销；若这个男生说“我爸有 5 套房子，结婚之后都是我们的”，这叫促销；如果这个男生请女生吃了顿饭，但什么都没跟女生表白，这个女生就爱上了他，这叫营销；更牛的是，如果这个女生连这个男生面都没有见过，但她的朋友姐妹们都夸这个男生好，这叫品牌。你看，虽然大家目标相同，都是追求女生，但层次却大不相同，效果的差异可想而知。

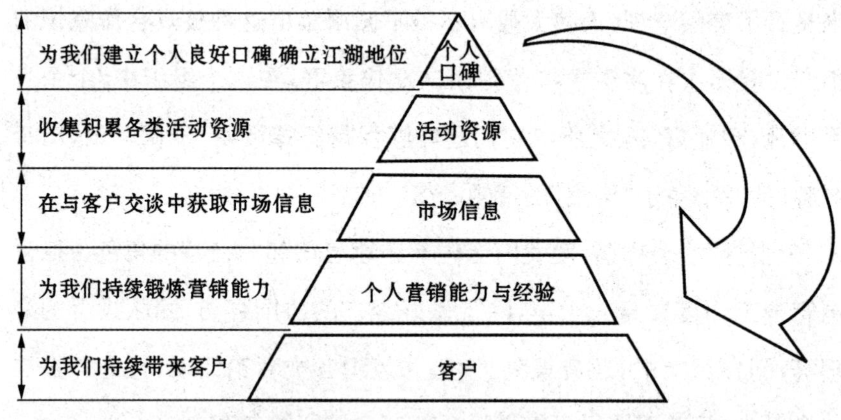

营销活动的作用

再说营销活动，好多人以为，无非就是抓点客户而已。可仔细想想，意义远不止这些。对主管而言，活动是一个锻炼队伍的好机会：一个潜在的客户走来，要想从陌生人到建立信任再到保持长期关系，活动为我们提供了很好的平台，绝佳的练兵场。活动中与客户的聊天，可以了解很多事情，是我们每天坐在办公室里所看不到，听不到的，其中也包括竞争对手的情况。这是因为，客户常常习惯讨论经历过的同类服务，以显示自己的尊贵，而这就为我们留给了不少宝贵的参考信息。再往后，随着活动的增加，不仅带来了客户的持续增长，而且为我们积累了为数可观的渠道关系。在下一次需要组织活动时，这些资源可以被轻松地派上用场。

当然，最高境界还是品牌，品牌实际上是一种影响力。我曾尝试过在银行的贵宾中心，辟出一个约 150 平方米的场地，每周固定组织一次“财富讲堂”活动，邀请几家知名券商的讲师轮番上阵。同时，也为第三方提供一个平台，比如让红酒商或健身会所赠送一些体验券。刚一开始，来参加的客户稀稀拉拉，每次不超过 10 人，但我们依然精心设计认真准备，力争在每一次的讲座中有所创新。很快，高品质的免费服务打动了周边居民和写字楼中的白领，通过口口相传，越来越多的人走进了我们的讲堂，最多一次活动来了超过 100 位客户，我们现有的凳子坐不下，还从其他网点调了 20 把椅子，连门口鱼池上方的木板上都挤满了人，让我真切感受到口碑与品牌的力量。

按类型分，活动主要有营销与非营销两大类。营销类里面又可分成主要针对新客户的开拓类活动和经营老客户的维护类活动。同时，企业还会参加一些社会公益类的活动，以转达爱心，树立良好的企业形象。再有就是有关企业文化的宣扬与传承，比如交流学习类的活动等(图中各类活动的比例是以银行业做参考，各行业会有不同)。

了解到活动的意义和分类后，我想那些厌恶活动的主管仍然难以跨出第一步，因为，他们可能还不大清楚操作层面的事。比如，作为活动的牵头人，哪些是要提前准备的？哪些是活动中获取客户的关

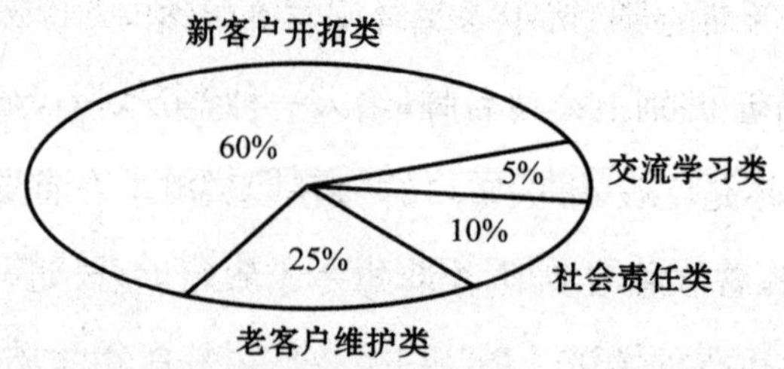

银行业营销活动类别比例

键？接下来，我们将活动按前中后三个阶段进行分解，详细讲解活动中每个阶段的要点和一些需要注意的地方。

第二节　外部活动的前中后

活动前：做足功课

活动一经确认，首先需确定参加的人员，原则上自愿。活动是拓展新客户的机会，应由那些主观上积极争取的人来做，勉强没有幸福，所有那些不得不参加活动的人，在活动中基本都在浪费时间。

在落实了参加人员后，应进行分组，通常每组 2 人，因为当现场有人拉着一个销售咨询时，另一个同事要马上补位，以随时应对新的情况。一个建议是注意新老搭配和男女搭配。营销是一个技术含量很高的工作，假如主管辛辛苦苦谈下来的渠道，由于员工缺少经验，整一个空手而归，岂不可惜！男女搭配无需多讲，你懂的。

有经验的朋友都了解，利用好一次活动其实是一个体力活。主管在排班时要留意，如果是半天以上的活动，至少每 4 个小时换一班，以便现场的同事能够保持良好的“竞技状态”。

每位参与活动的员工都代表着本公司的形象，无特殊情况应统一着装，佩戴工作证并别上公司名牌，给人一种整齐划一，纪律严明的感觉。参加活动不是度假，事关客户的“第一印象”。香港与日本在这点上做得特别好，曾在盛夏造访香港的一家银行，室外近 40 度的高温中，职员们在门口发宣传单。我走近一看，在烈日的烘烤下，他们背后的汗水早已形成白花花的结晶盐，但他们就是如此地有纪律，将规矩作为心中不可动摇的准则，令人肃然起敬，包括像我这样的外来客。看似一件衣着小事，却为人家这些地区的整体服务形象带来了广泛的美誉，并由此逐渐形成了这些地区特有的文化，有力地带动了当地经济的腾飞。

兵马未动，粮草先行，各类物料要提前落实到位。比如易拉宝，出发前要检查金属支撑杆是否配套，有没有破损。有时一个活动结束后，易拉宝或 X 展架之类的宣传物件被随意乱丢，先扔上车再说，结果不是一套的组件被塞进一个架套中，下一次要用时顺手一拿就走，到了现场打开后才傻眼，可怜展架瘸了一条腿，不摇摇欲坠才怪。

宣传资料的展示也有讲究。比如可以借助三棱旋转架、梯字架等，实在不行也要在展示台中用大小和颜色的交错搭配，作有层次的区分，以达到良好的视觉效果，提高回头率。名片需携带充分，在一场较具规模的展会中，50 张名片是必要的。常有些同事，出门前打开名片夹一看，好像还有几张，就大摇大摆地去了，结果没过一会儿当潜在客户索要名片时，只能说“哎呀不好意思，名片发完了”之类的话，让客户感觉准备不足。

强调一下，客户联络表可以说最为重要。当客户有些兴趣，但又没带名片时，它的作用非同小可，是接下来所有跟进工作的基础。

另一件必不可少的物料是桌布，但却少有人重视。作为客户，当他走过一张空空的木头桌子时，会感觉你在“裸销”，连这些装点门面的基本包装物都没有，公司应该不怎么样吧。剩下一些锦上添花的东西，比如可以带几件包装精美的礼品摆在台上，以吸引路过客户的眼球，让他们感觉礼品唾手可得。一些时候，笔记本电脑也能派上用场。比如，聊天中发现客户对保险感兴趣，却拿不准应投多少年，每年的收益如何计算，等等。这时，你可信手翻开显示屏，将客户信息输入软件中，结果立刻显现。其他辅助工具如抽奖箱、笔、小刀等，以应对不时之需。

在南京的一次产品路演

硬件准备妥当后，接下来的两样尤为关键。第一是活动效果计划，即针对要举办的活动，提前定下通过这次活动获取多少客户联络方式的目标，这是唯一可量化的内容。如果计划中也包括了计划实现多少业绩量，其实不够科学，让员工感觉离得比较远，倒不如我们一环一环地扣下去，利用联系方式为线索，层层追踪。

主管脑子中应预想一个团队的目标数字，比如，通过活动计划拿50名客户的联系方式。不过先不要向下属透露自己的计划，而应去问问他们目标是多少。当你第一次问他们这个问题时，绝大多数人会回答“尽量吧，肯定是越多越好”，这往往是结果悲催的开始。要知道，这句话背后的思想，正是他们每每在活动中毫无建树的主要原因，没有之一。这句话代表他们根本没有下决心，或者还不习惯在数量上给自己一个要求。

与之相反，顶尖销售的常用语是“一定抓20个潜在客户”，字正腔圆，铿锵有力。在活动中，他们的状态完全不同，每记下一位客户的联系方式，都会在心里暗暗对自己说：爽，离目标又近了一步！最终他们一定满载而归。

由此可见，管理需要管思想，真乃是千真万确啊。

其次是客户组织方面的准备。并非所有活动邀请客户的思路都是一个模样。在主要以拓展新客户为目的的活动中，如果是自己一家请客户，相对单纯，主要联络那些日常喜欢该类活动的潜在客户，或为计划优先营销的那些客户，创造一次见面的机会。而大多数活动都是要与其他机构合作才能举办的，这就好比旅游公司，为了拓展业务增加成团的机会，常常与其他旅行社联合发团，抱团取暖。在这类活动中，可有意识地请第三方多邀请客户，顺水人情的同时，也让我们有机会直接接触到其他机构通过某种渠道获取的潜在客户。

还有一种类型的活动，是以回馈老客户为主要目的，形式丰富，可以是答谢音乐会，也可以是养生体验，通过提供种类繁多的增值服务，提高客户的满意度。如果仅回馈自己的老客户，在邀请客户时要注意分层，假如你安排100万美金的私人银行级客户和10万元人民币的金卡客户共同出席一个活动，前者对你的满意度一定不增反降。礼品要与客户层次相契合，一桶5L的调和油送给退休职工，他非常感动，而将其作为年末拜访贵宾的礼品，就显得不那么恰当了。

平衡回馈类活动的成本与效果，一个做法是将人人都有礼的多份小礼的钱，合起来汇成3份大礼，以抽奖的形式送出，更能吊起客户的胃口。

在多家机构共同邀请老客户的情况下，可与合作机构商议，力争在邀请名额上取得优势。如果第三方要求提供其他附加条件，只要情况允许，都应考虑以此换取名额，使自己更多的老客户有机会获益。

在测算出席客户时，可直接将第一次答应你的客户数打5折，总有一些人在最后时刻说来不了，也许一开始就在敷衍你，也许确实有突发状况。而我们需要做好一件事，就是起码进行2次以上的确认。通常在活动前一周，所有受邀人员的名单应在你的办公桌上出现。在活动的前3天，应提醒给所有拟出席客户再进行一遍电话确认，并在电话中做一些必要提醒，比如私家车停在哪，是否可能下雨等，在关照他们的同时，也可侧面判断其最终是否会出席。

在活动正式举行的前一天，不妨用20分钟开个碰头会，一方面可以过一下第二天活动的流程与细节、物料准备等，另一方面还可借此机会做好动员。提起细节，有不少地方需要我们留意，比如营销点的选择，在活动前，主管应实地考察，观察哪里的客流量大，择优选点。

见过有的银行将宣传点选在了商场的电梯背后或一块巨大的广告牌旁，走过的客户不大容易注意到。员工也不便施展，甚至被误以为是商场服务员，可能被问“你好，请问卫生间怎么走”。这样的点不选也罢。

还有一些好用的小技巧。比如，如果是在购物中心、楼盘、娱乐场或机场等较大空间的地方，一般都有广播设备，在活动前与场地方面沟通时，要尽力争取活动期间借用广播进行辅助宣传。

曾经为了拓展POS机业务，我带几位同事到浙江最大的服装交易市场举办活动。那里场地不是问题，其中一栋主楼就有6层，总面积近2万平方米，聚集了几百家的个体工商户。为了扩大宣传，我们制作了4条横幅和5个易拉宝，分别放在了商场的4个入口处和中庭。第一天下来，仅办了14户，而且是在我们一家家上门沟通的情况下。很多商家忙着进货出货，走路非常快，并没有注意到宣传资料。第二天，我们来到物管处，请求他们协助在市场中进行广播，几番磋商后，他们答应每1小时帮我们广播一次，广播内容由我们提供。就这样，在接下来的3天中，他们累计广播了20多遍，最终我们成功营销了78家商户，效率提高了许多倍。

在参加一些特定主题的活动前，相关知识的准备很重要。

什么叫"相关知识"？比如银行常常会参与协办一些如高尔夫、红酒品鉴或名车试驾这样的活动，身临这种围绕兴趣展开的休闲体验，最愉悦的事，莫过于碰到志趣相投的人。而所谓"相关知识"，就是在这样的活动中，能与客户产生共同语言的知识基础。对于营销人员而言，这是拉近与客户距离的一个好机会。一些优秀的销售敏锐地意识到这点，在活动前做足了功课，因为他们深知，在营销客户方面，产品上百分之零点几的微弱优势，与更进一步的印象与关系相比微不足道。

一次奔驰汽车的试驾活动，我同事邀请了她的一位"汽车控"朋友同时也是潜在客户参加。她本来对车一窍不通，自己也不开车，对车的了解连皮毛都谈不上，大概知道几个牌子而已。为了这次活动，她专门上网查资料一通恶补，同时向主办方了解将试驾哪几款新车，得知有SUV型的ML系列和轿跑型的CLS系列，及时告知客户。她的车迷朋友有些意外，没想到她还能说出车的型号。了解到客户比较喜欢大空间的SUV型，她又找来同档次的宝马X5和奥迪Q7等款型资料，陪着分析、比较……

凭借这些“相关知识”，在活动中，她做在副驾驶位置上，与这位豪车爱好者相谈甚欢，竟能脱口说出这台车的缸内直喷技术、排气量、最大功率及扭矩等发动机核心数据以及和竞争对手的优劣比较等，俨然一副业内人士的从容，甚至对内饰也有一番独到见解，包括包围式真皮电动座椅和音响遥控等配置，令其朋友刮目相看。此后两人关系突飞猛进，很快成了知己，当然这位客户的存款也渐渐全部搬到了我们银行。

活动当中，一些细节需要我们考虑，比如亲子类的活动要注意安全。一家银行曾组织过一次儿童钓鱼活动，地点选在了行里的理财室，因为在那里有一个约20平方米的鱼池。活动中，家长和孩子都很开心，他们绕着场地快乐地奔跑着，不断驱赶着鱼群向有诱饵的方向游动。两个小时很快地过去了，但就在活动将要圆满结束的时候，一个约5岁的小女孩脚下一滑，掉进了鱼池里。虽然水深不足半米，但由于是深秋天气较冷，再加上她不会游泳，突如其来的惊吓，使得小女孩面色煞白大哭不已，妈妈见状十分心疼，将责任全部推给银行，投诉其没有在现场放置安全标识或围栏，造成她女儿落水，不仅一气之下关了账户，还坚决要求赔偿。一个不留神，得罪了这个客户不说，还搞砸了整场活动。

在安排活动时间方面，切忌将活动放在临近午餐或晚餐的时候，除非有用餐计划，没有人能在饿肚子的情况下专心听你在讲什么，并且心里会很不爽。

在一个服务意识日益深入人心的社会，客户越来越看重自己的感觉。不久前陪朋友参加一个较高规格的论坛，出来后她一路抱怨，我说好像讲得也没那么差吧，终于她说了实话，本以为主办方在结束后会发一个小礼包，却两手空空而归。我有点好奇，她却笑我 OUT 了，说现在上档次的论坛都送纪念品的，小到矿泉水，大到苹果的 I－Touch，可以说五花八门。

原来，日趋成熟的客户对所要参加的活动，往往抱有很具体的预期。这当中，不仅包括对活动主题的评价，也包括小礼品赠送之类的诸多细节，如果考虑不周到，都会给他们造成错觉，从而影响到他对整个活动的看法。

活动中：有心就有收获

这个环节是拉开业绩差距的关键。一些主管冲到活动现场，不知该管什么，转了两圈后，漫不经心地和同事聊几句，有意无意地拿张宣传单瞄一眼，不超过 30 分钟便离开了。周一上班时，他发觉员工拿回来的客户名单仅有三五个，根本不知道问题出在了哪里，除了不咸不淡地说几句下次继续努力的话，便不在提了，时而心里还暗暗地想：搞了半天也没啥效果，下次不玩了。

两位员工的真实经历告诉我们，在现场究竟发生了什么。7 年前一个橙黄橘绿、秋意盎然的午后，某跨国外资银行在上海久光百货驻点宣传，地处核心商圈静安寺的这家商场，历来是各家银行争相抢夺的地盘，谁能够在这里宣传展示，谁就把握了接触到浦西富裕阶层的渠道先机。这天，排班的两名同事靠在现场的展台内侧无所事事，他们已经坚持了2个小时，竟不见有人前来咨询。百无聊赖之余，干脆坐在展位上打起了扑克。不知过了多久，一名穿着讲究的老外在他们面前停下来，用很地道的中文问："请问你们有哪些理财服务？"其中一名同事答"有一款6%的产品"（连"预期收益"四个字都没说）。另一个同事头也没抬地说道"我们有很多产品，你可以拿宣传页去看看"，说完继续盯着手里的牌，他完全没意识到，此刻，他的人生棋牌正在悄悄地陷入危机。

"哦，那名片能给我一张吗？"老外接着问。

"在桌子上盒子里，您自己拿一下吧。"那位同事回应。

前后一分钟不到，这位老外就默默离去了。第二周一早，这两名同事所属支行的行长刚迈进办公室，电话铃声骤然响起，一拿起听筒，便听到上海分行的一把手震耳欲聋的咆哮。

究竟发生了什么事？

没人会想到，原来当天在久光百货出现的那位老外正是这家银行的CEO，周末恰巧去那买东西，路过展台才知道自己的银行当天有活动，顺便上前一问就发生了以上的对话。这位大佬当时已非常光火，但没有立即爆发，回到银行后便发了封措辞严厉的邮件给零售业务总监和分行行长。这下搞大了，很快这两名同事便遭到了辞退，该支行的行长也收到了警告信。

如果说上例只是极端事件，那么，销售队伍里有许多在活动中打酱油式的员工，也是不争的事实。我们把这些人亲切地称呼为"老中医"，正是他们，屡屡阳奉阴违混淆视听，容易让一些主管上当，以为活动效果不好就是合作方不给力或是预算有限的问题。

其实他们错了。

建成于1955年的上海会展中心原名“中苏友好大厦”，是一座设计精巧，造型讲究的俄罗斯古典主义建筑，举办过无数次各行业大规模展会，其中一次旅游博览会令我印象最为深刻。那次活动不仅吸引了国内外百余家旅行社的参与，更是引来大批相关行业的商家布展，目标直指前来参观的大批个人客户。

银行早早就在现场搭了一个6平方米左右的展台，其他宣传物料也提前一天运抵现场。由于规模较大，我们每半天分别派出3名同事参加活动。我到达会场大概是下午2点，正巧碰上换班的时间，新的3位同事仅到了一人。简单寒暄后，我就走开，去转其他的展台了。大约2点30分，我透过走廊，瞄到有一位同事仍没到。大约临近3点时，最后那个人风尘仆仆地跑来，见到我后解释说“身体有点不舒服，不好意思”，我看了他一眼，没多说话便又去转。半个小时后，绕了一圈回来，只见一人站在离展位约10米的地方与客户攀谈，另两名同事齐刷刷地站在展台后，等待着客户上前咨询。我说自己准备走了，叮嘱他们继续好好干，便转身离去，找了一个拐角处躲了起来，静静地观察接下来发生的事。

展台后那两人中的一人显然如释重负，坐了下来。另一人继续保持站立姿势，和坐下去的那位有说有笑，来客户咨询时，回答一下问题。在我观察的20分钟里面，一共只有2个客户停下来询问，而且其中一位显然是因为找不到出口，同事在给他指路。

亮点是站在附近的那位，他明显处于亢奋状态，双脚一直在移动，头像雷达般转来转去，一刻不停地搜索着潜在客户。以他所在处为圆心,10 米为半径的区域被他一网打尽,在这个范围内从他身边经过的只要穿着比较讲究,步态比较稳健的,几乎无一遗漏地给了自己的联系方式。他还有一个绝招,就是可以在同一个客户说话时,余光还能留意到其他路过的人,并把这些人逐渐聚集在一起听他讲,并快速在随身携带的小本上记下他们的电话。一些远处的人因为好奇,看到这边围了几个人,便也过来凑热闹。

活动结束后的统计中,两个站在展台后等客户的"幕后工作者"一人获取了 2 个潜在客户,另一人 3 个。而那位"雷达哥"一个人竟拿到了 51 个客户电话,等于前两个人一起参加 10 次活动,效率差距之大令人乍舌。

我装作什么都不知道,在活动后分别与这 3 位同事交谈,不出所料,前两个人几乎像商量过一样,抱怨活动不好。当我问到哪里不好时,他们说"咨询的很少,好像没什么人对我们感兴趣,可能是旅游这个主题和银行关系不大的原因吧"。他俩的说法和感受,与"雷达哥"截然相反,后者感觉活动相当不错,并且,他有把握在接下来的一周中从这 51 个人中先挖掘出 2～3 人来开户。

这个故事告诉我们,不要轻信众口一词的抱怨,也不要迷信自己未经实际调查的自以为是。在没有真正用力挤过一块海绵时,不要为里面有没有水的争论而浪费时间。所以,主管在活动现场,首先应该观察的,就是员工是否在疯狂营销,这体现在他们的眼神、步态、语言甚至呼吸等各个方面。

说到语言,不少人以为有较好的"营销话述"就可以应付,但在活动中应使用的语言是"活动话述",不同于日常与客户交流所用的语言。很多人以为产品知识丰富就可以无往而不胜,陶醉于这些知识,

一次社区活动

把握不好度，在活动中花了很多时间与客户分享自己的博学，享受聊天带来的愉悦，却不知时间在一分一秒中流逝。

新客户拓展类的活动其实与客户创造了第一次面访的机会，目的是尽快获得客户的电话，达成下次碰面的初步意向，有什么话约在公司细讲。很多人不明白这个道理，讲了一堆软弱无力、可有可无的废话。当高手已经讲出"您联系方式还没留，写这里就可以了，我们有后续抽奖，中了给你电话"，并顺势递笔到客户手边时，那些人还在弱弱地说"您有兴趣吗？有的话可以留个电话"，结果必然门可罗雀，生意怎能不清淡。差异背后的根本原因，还是他们没有学会高效率办事的思路，因此讲不出高效率的语言。

在维护老客户的活动中，一些同事认为自己不一定需要出席，反正客户已经是自己的了，时间地点告诉他，由其自己去体验吧。如果我回答不对，你会想到什么？你以为我要说"这样会降低客户感受"对不对？只对了一小半，还有一个重要"红利"在后面。具体的事例，我们在下节中细讲。

活动后：好戏在后头

好比激战之后打扫战场，活动完毕，第一件事当然是清理现场，带走活动中产生的垃圾，并将其他物品放回原位，特别是在与第三方合作的情况下，举手之劳的好习惯会给对方留下难忘的好印象。

那是一次在浙江九龙山高尔夫俱乐部举办的大型答谢活动。平日里只对内部会员开放的私人会所，这次由不同企业邀请，客户一下来了300多，场面空前热闹，令这家会所的老板，胡润百富榜上的一位纺织大亨喜出望外。

然而活动结束后，现场一片狼藉，甚至陈列在现场的一些贵重摆设也有损坏的现象。我们的员工没有立刻离开，而是留下来帮他们一起收拾。没过一会，这位大亨径直走来，连声感谢我们所做的这些额外工作，问我们是哪家企业，还跟他身边的助理打招呼，说以后他们的活动都欢迎我们参加，并当即把旁边另一位朋友拉过来，介绍我们认识，并对我们银行大加赞赏(其实他自己在我们行并没有账户)。两个月后，他的这位朋友成了我们私人银行的大客户。

回到办公室，主管需要紧盯的一项工作，就是活动后的“战利品”是否能够得到及时的跟进。

一些销售没有养成好的习惯，喜欢“拖”，说活动刚一结束就打电话不是很好啊什么的。真如他们担心的那样吗？更多例子是隔了四五天后，当接通客户电话时，这些在活动中向你笑脸相迎的有钱人，往往会一阵迟疑，我们的同事也很辛苦，拼命描绘自己的相貌和当时的情景，帮助客户回忆。何必这样呢？如果这个通话发生在见面后的24小时内，销售只需要说一句“我是昨天咱们见过面的某某公司的某某”,百分之九十九的人都会立刻想起你。人对新事物的记忆力在没有重复的情况下,是随着时间的延长加速下降的,所以趁热打铁很有必要。这样做的好处在于,加深你在客户脑中的印象,消除其顾虑,尽早约到下次面谈的机会。

作者带领团队在社区中进行产品宣传

在客户跟进方面,主管应该要求在活动结束的三天内,对所有潜在客户完成第一轮联络,并做好相关记录。对有较明显意向的客户立即约见面,因为在这个阶段,他们往往会去对比市场上的其他竞争者,不确定性很大。

我们惊讶地发现,最难对付的往往是那些表面上爽快的客户。他们对你讲的东西很可能比较熟悉,在没有下单前,心理上毫无负担,既然可以轻松地答应你,也可以轻松地答应其他公司。而我们能做的,就是争取时间,尽早消除他的这份不安定。反而是表现犹豫的客户,跟进相对容易些。之所以犹豫,大多是因为不懂或对信息不对称的恐惧所致,这就需要依靠我们持续的坦诚和周到,帮助他建立起安全感,迈出选择尝试的一步。

我们要教会员工甄别客户需求的能力，兜圈子的结果只会浪费大家时间，对于沟通下来确认不是目标客户的人，要果断地放手。20%的比例对于潜在客户的转化率是一个不算低的参考，由于活动中有见过面的基础，这个比例远远高于陌生电话拜访，但不要预期太高，毕竟很多人会在自己其实没有需求的情况下出于礼貌或是冲动，将联系方式给了你。因此不要对此转化率提出苛刻要求，否则，将可能导致员工有意识地减少潜在客户的获取数，通过降低分母，来提高成功率。可事实上，员工的产量却大幅降低了。因为，这有悖于利用大数法则在活动中获取客户的基本原则。

第三节　开拓渠道巧借力

先说说上节提起的一个事例。

杭州的吴山，景色迷人。春秋时期，这里是吴国的南界。在这座山上一个闹中取静的地方，有一家高端的瑜伽会所闻名遐迩，叫做“优胜美地”，与美国加州一个国家公园同名。那时，我供职的银行正与之合作，为客户提供增值服务。我们策划了一次金秋客户养生体验活动，该会所不仅请来印度资深教练表演和传授独门技艺，更是将20张5天课程的体验券赠予我们，8名员工根据业绩表现分得了这些名额。

活动当天，现场只出现了2位我们的同事，其他人都没有来，这天的节目安排得非常丰富，这2人就一直陪在他们邀请来的客户左右。活动结束后，其中一位同事将客户送上车后，回到会所中找到这家会所的老板，与其攀谈起来。从老板的发迹史谈到现阶段的困难与需求，再到畅想今后发展的策略，1个多小时下来，他们相见恨晚，聊得十分投机，欲罢不能。后来他们相互约了几次，品茶论道，关系得到进一步加强，俨然已经是朋友了，这位老板还几次邀请他参加其私人聚会。

在此后的一年中，这位同事得到了这个渠道的特别关照，会所允许其在他们主办的各类活动中派发名片；允许该同事在会所等候区的杂志架上放置银行的宣传资料；定期赠送该会所的免费体验券，等等。当我再次问起这位员工与这家会所的故事时，得知他已直接或间接通过这个渠道，获得了超过10户的贵宾客户，效率之高速度之快，发人深省，值得借鉴。

该同事与我分享说，他从来没把活动看成邀请几个客户那么简单，除内部活动外，大多数的活动都是与第三方合作举办的，他们要么作为客户邀请方，比如在上面这个例子中，瑜伽会所当然有自己的客户；要么属于“金主”，他们不邀请客户，但为了宣传品牌提高知名度，愿意出钱；要么是靠提供场地来收取租赁费。以上三种情况在他看来都是难得的机会，因为与这些渠道搞好关系，不仅能把握这些第三方资源，轻松地举办下一次活动，同时为零售业务“批发做”打开了一扇新的窗口。

他之所以有这种与众不同的想法，根本原因是思想的解放。好多时候，面对一个难过的槛，不是我们真过不去，而是想不到原来可以这样过。

思想得不到解放，永远只能在别人制定的游戏规则中苦苦挣扎，终因在激烈的“红海”拼杀中体力不支或资源不够，而放弃了最初的理想，从此随波逐流虚度一生。只有善用崭新思维打破惯例，甚至看起来有些偏执的人，才能披荆斩棘，走向成功。这是强者与弱者的本质区别，和“运气好”或“命好”之类的卦说，其实真的没什么关系。

讲一个经典案例。我的一位好友，一次乘电梯时遇到了一位西装革履的绅士，由于那时他刚进公司，并不认识眼前这位是他的大老板。出人意料，他竟凑上前去，大方地介绍起了自己，并递上了一份随身携带的产品资料。这位绅士略感惊讶，很快平复，微笑地问："你是哪家支行的同事？做什么业务的？来多久了？"

好友意识到眼前这位应该和自己是一家银行的，便回答；"我就在大厦一楼的分行营业部做零售业务，刚来 2 周，请问您是？"

"我是你老板，呵呵，欢迎你的加入！"这位绅士似乎有点欣赏他的意思。

此时我敢断言，几乎所有人都会说"啊！老板好"，然后就结束了。但思路不一样的他，讲出来的话就是不一样。他当然也和老板打了招呼，接着说："真羡慕您，那您一定比我们更有财富，不知是否可以考虑选择我们行的理财产品？"

这句话一说出来，令这位绅士开始重新打量起眼前这位年轻人，一个令人耳目一新的思路，使这位好友在得知眼前这位大佬的身份时，丝毫没有妨碍他营销的主线，反而把这当成了一个好事。

他的另一次"疯狂"举动是发生在他高烧 39 度的一天，无奈之下在夜里 11 点钟来到上海东方医院打吊瓶的事。为什么说无奈，因为他说过："自己没时间生病，对于我这样一个玩命做业绩的人而言，生病纯属浪费时间！"但人怎么会不生病呢？这次他病得很重，叫我去医院陪他的电话中，我几乎分辨不出他的声音，这是在气流完全不经过鼻腔的情况下才能听到的闷响。在打吊瓶的过程中，他留意到斜对面的座椅上一位中年女性的着装气质不凡，便转头使个眼神问我说，"老轩，注意对面那个人，你要不要试试"，我理解他的意思是问我要不要去营销一下，深更半夜的我有些犹豫。

“我可先问过你意见了。”他边说，边从随身携带的名片夹中抽出一张名片，接着竟一只手拿起输液瓶，笑着向那位女士径直走了过去。

“你好，认识一下，我是某某银行的某某，真巧今天正好也在这打吊瓶，这是我名片，以后你或者你朋友有什么理财需求欢迎找我。如果方便，也请告诉我一个电话，有什么新的资讯我会及时告诉你。”我能感觉到，当时这位女士收好名片后，半天没回过神来。

过了 2 个月，我见到这哥们，想起这一幕，问他和医院中的这个女士有没有下文。

“你知道吗？她是某某公司的销售总监，现在已经搬了 100 万到我们银行！”他颇为得意地说。

“不错啊！你当时咋想的？不觉得那个场合很怪吗？”我追问道。

“怪？我不觉得，我反倒认为当时那个环境对我们非常有利。大家都处于身体比较虚弱的状态下，同病相怜，你要上班时去找她肯定没这个效果。后来我才知道，打动她的除了环境适合外，还有她看到我后想到了自己年轻时的不易，就决定支持我一下。”他道出了背后的原因。

在他电梯事件后的第 5 个年头，当年这个满怀冲劲的新人，已成长为支行行长，但他依旧很好地保持了那么独特的思维，使自己总能保持较高的加速度，行进在同龄人的前列。

在给新员工分享经验时，他坦诚地说：“我刚来这个城市时，没有亲戚和朋友，资源非常匮乏，运气也不见得很好，如果说有什么经验可谈，除了肯吃苦外，主要是我习惯于用不一样的思维去看待事物。当别人把客户当成一个单一个体时，我把每个客户都当成渠道，深入了解，因为他们身边总有一群朋友可供挖掘；当别人把一次活动当成负担或是周末放松休闲时，我抓住了每次参与活动的第三方机构，把他们当成重要资源来经营，并由此获得了事半功倍的批量效应。”

李嘉诚曾经说过：一切伟大的创举在一开始都来源于那些有着在其他人看来微不足道的一点不同的思想，并在别人把你当成异类的目光中坚持下来的人。思路对于一个人而言，就像制度对于一家企业一样，水平的高低强弱，全部体现在这里。

所以，做主管的，首先要努力提高自己看待问题的方法与水平，进而从思想上去影响和帮助我们的员工，使之真正地开窍。

第九章　打造团队文化的新思维

团队文化管理

从外在的表象观察，文化是一个群体所散发出的一种气质，有好的，也有不讨人喜欢的，有沉淀过的，也有看似粗糙的。我不认同“没文化”这个说法，因为所谓“没文化”本身也是一种文化，这并不代表它应该被借鉴，但却可能值得研究。

生活当中，有些人可能会无缘无故讨厌和自己风格不相同的另一群人。比如，知识分子有时看不惯演艺界的某些明星，觉得他们疯疯癫癫，哗众取宠，却不曾想到，其实人家在用自己的方式和声音向世界发出呐喊，这也是一种文化，只是还没有得到你个人的认同而已。正因为我们每个人的出身与经历都不相同，才造成了人生观与价值观方面的诸多差异。这就需要我们有更大的胸怀，客观而且平和地看待社会现象，这样才有讨论问题的基础，也才能帮助我们在认识上获得更大的提升。

每种文化的形成必有其内在原因。分析起来，所谓“文化”，就是企业根据自身情况和需要，在与所处环境做出的长期、系统的互动后，沉淀并保留下来的一种一致性的处事态度。2012 年的一个热门词汇叫"正能量",之所以被广泛使用,正因为这是触及企业或个人原动力的议题。

那么,究竟应该如何找出适合团队发展的那个"文化"?文化的背后推手又是什么呢?

第一节 文化的幕后推手

对于历史,我一直有着特别的爱好。看到浩瀚青史中,大国间"你方唱罢我登场"的兴衰沉浮,我时常在想,那个拨动国家崛起的钥匙是什么?一个强国脱颖而出是必然还是偶然,这一过程对于企业的管理和发展又有着怎样的借鉴?

500多年前的欧洲,在对世界充满好奇的无畏探索中,走到了国家高速发展,跑步进入现代文明的十字路口,前后出现了一批在当时可以称之为"帝国"的国家。那么,为什么历史发展的契机落在了这片土地上呢?

客观需要——腾飞的起点

在某种意义上讲,西方的崛起竟是由于一次天文现象引起的。在16世纪末,太阳活动处于低峰期,太阳黑子在相当长一段时间里观测不到,全球气温下降,特别是在欧洲伊比利亚半岛的葡萄牙和西班牙,家畜由于严寒大批冻死。这些尸体如果得不到有效处理,只能扔掉,于是,具有防腐作用的香料来了行市,需求大涨。一国产量不足,便想到去其他国家掠夺,这就催生了欧洲对探索东方未知世界的无限向往:马可波罗的游记告诉过他们,东方遍地都是黄金与香料。从此,历史上波澜壮阔的“大航海时代”的序幕拉开了。

哇！多么大胆甚至血腥的尝试，原来是太阳惹的祸。就这样，新大陆被发现了。此后，荷兰、英国、法国，日本和俄国的相继崛起，无不起因于受侵略或是内部矛盾激化，到了不得不改革的极限，而被迫做出的调整。

这其实与团队发展非常类似，当一个团队业绩落后，到了悬崖边时，我想没有一个领导主观上是想自暴自弃的，他们也想改变，但不确定应从哪里开始，才能建立一个长效机制来扭转颓势。在这里，我们仍可回到历史中找找答案。大家不妨思考一下：为什么大英帝国不像其他欧洲国家那样昙花一现，而能够保持霸权长达 3 个世纪之久？即使到了今天，这个古老的欧洲大国影响力虽不比当年，却依然是世界重大事务中的重量级参与者之一。

制度——再进一步的钥匙

有一种神秘的力量叫做“制度”。

史上不乏这样的国家，知耻而后勇，逆境中来一场变革，解决了眼前的需求，暂时走出了泥潭，甚至成就一段佳话，如大家熟知的古代越国。但世事的常态是，由于对推动发展背后的动力这一本质问题缺少理解，结果屡屡错失本可以再进一步的机会，很快又在激烈的竞争和对未来巨大不确定性的忧虑中迷失了自我，再次拖住了前进的车轮。可是，英国却及时发现并准确把握了这一本质问题，从而将对手远远甩在身后。

英国人经过中世纪漫漫长夜中的苦苦找寻，终于等来一位旷世奇才——亚当·斯密。他的《国富论》，从理论的高度勾勒出市场经济的规则，确立了当代资本主义制度，并将英国带入世界强国之列。同时，这个岛国的统治者深刻地洞察到那个时代的特征，并没有学荷兰那样大力发展资本市场，也没有像葡萄牙西班牙一样专注于发展殖民地贸易，而是依靠建立法律法规，保护创造发明，发动人民群众的智慧来服务国家。最终，由瓦特率先研制出内燃机，并由此稳稳地占领了工业时代的制高点。这种为国家提供持续动力，带来长治久安的思想和制度，是值得企业或团队深入学习的。

学习要学本质。很多主管错误地将文化简单地理解成一种好的氛围，从形式上去加以模仿。曾经有一位主管，迫切地希望建立起自己团队的文化，为了营造一个积极向上的氛围，他定做了11套军装，人手一套发给了同事。为什么要这么做呢？那时中央电视台正在热播一部电视剧《士兵突击》，中国军人那种不抛弃、不放弃的军魂深深地打动了他，于是决定，大家一起穿上军服摆个POSE，拍一张集体照挂在办公室的墙上，进进出出随时可见，借以打造出一个不一样的团队氛围。

在缺少深入思考，把握事物的本质之前，很多尝试注定是徒劳的。这位仁兄没想到，几天新鲜过后，人们开始对这张照片视而不见了，开始感觉照片与周围环境不太协调了。没过多久再看，照片上面几个同事惨遭恶搞，脸上被涂上了胡子和眼镜。几个月过去，这个团队的业绩并没有获得想象中的提升，再加上部分人员离职，“改革”最终不了了之。

其实，这位主管拍军装照本身没有什么问题，出发点也是好的，但改变团队文化的关键不在这里。表象容易学习，本质难以掌握，由于这个团队并没有学来优秀团队的制度，仅从皮毛入手，失败在一开始就已经注定。

另一家欧洲知名的银行则对文化有着不一样的理解。主管将每一个员工视为水，将制度视为改变水流的沟渠。对于管理者而言，重要的不是怎样把沟渠挖得更好看，而是怎样挖才能快速有效地将水引入到你希望它去的地方。

因此，为了提升业绩，他们通过员工座谈与行业比较的方法，创新了原有的考核评价体系，优化了提成分配方案，最大程度地提高了员工的自发动力，并带动了产能的跨越式增长。在逐渐形成了特色后，他们提炼出了属于自己的文化，即“积极求变，不断创新”的文化，并以此为纲创出了 16 个字的核心价值。这几个字看似口号，却在这家银行得到了十分全面的贯彻，能量巨大。公司内几乎无处不见其身影，礼品杯子上、挂历上、过道墙的海报上，就连每台电脑待机时跳动的屏幕保护程序，都为这些文字安排了中心位置。一百多年来，他们的管理层对于员工考核、产品设计以及盈利模式等规范的制订，均遵循了这一企业的“基本法”，从而在激烈的市场竞争中屹立不倒。

当然，从那时起，他们的做法便常遭抄袭，不断被一些不了解文化本质的银行搬回去，照葫芦画瓢编了口号出来，堂而皇之当做文化幌子，麻痹着自己，并忽悠着员工。有一回去某家银行找一位朋友，他的电脑屏上显示着五颜六色不断变化的内容，凑近一看，全是关于一些银行获奖的宣传或理财产品的介绍，而他们理解中的“文化”符号，却被挤到了最不起眼的位置。

所以说，罗马不是一天建成的，百年老店是有其原因的，稍做对比，仅从这个小细节上，就发现水平的巨大差异。

如果说前 8 章都在讲具体团队管理方法的问题，那么要完成最高层次的跨越，奠定属于自己文化的前提，则是要通过改变属于上层建筑的制度，来构建那个看不见摸不着，却无时无刻不影响着所有人的"文化"。文化是制度的延续，资本主义制度孕育了美国人骨子中个人英雄主义的文化，封建君主制度却又为军国主义文化提供了土壤。那么，究竟主管应从哪里入手，来建立和保护一种团队文化呢？

作者接受浙江经视采访

第二节　这样建立文化最有效

管理层对文化的尊重

一国政权的更替，往往是发端于自下而上的民众运动。但企业或团队文化的建立，则要依托上层的决心与态度，这也是为什么ISO9000系列标准关于质量管理体系的规定中，专列有“管理者职责”一项。它绝非喊一句口号那么简单，必定要靠点点滴滴的小事汇聚而成。通过这些事，不断地强化着同一个信息，那就是：究竟什么才是这家公司所大力推崇的。

先贤祠，一个坐落在法国巴黎市中心塞纳河左岸的庄严建筑，法语中的含义是“所有的神”。这里安葬着伏尔泰、卢梭、居里夫人等72位对法兰西民族做出过最非凡贡献的人。而这其中，仅有11位政治家。在它的入口处，写着这样一句话：“祖国以你们为荣”。

2002年，经过法国议会的激烈讨论，大仲马的灵柩在法国总统希拉克和6位共和国卫队士兵的护送下，成为第70位安葬在此的人。很少有哪个国家会像法国这样，在首都的中心修建这样一座雄伟的精神建筑，来永久纪念这些对人类进步做出过卓越贡献的人，并通过国会讨论和元首送行的方式，明确转达出对先贤的无限崇敬。没有什么比上层的这个举动，更能让外界知道他们的国家对科学与文化的尊重。也只有这样，才能将他们所要推行的文化深入到每一个国民的血液中。

当年，经济学之父亚当·斯密参加一次上层聚会时，在他推门进入的那一刻，原本分散在宴会厅各个角落畅谈的人们，那些政府高层与掌握英国经济命脉的各大企业董事长们，顿时安静了下来，正当他稍显迟疑之际，首相已悄然来到他的身边，扶着凳子请他落座。斯密受宠若惊，遂礼让大家，一旁的首相说，“您不坐我们是不会坐的，我们是您的学生，哪有老师给学生让座的道理”。这便是诞生了牛顿和法拉第这些科学巨匠的国度。榜样力量是无穷的，基于上层对科学的崇尚精神，国民把握住了国家的方向，形成了发展的合力。

在一些企业，常常能看到一句标语——“喊破嗓子不如做出样子”。开大会时，领导吞云吐雾间煞有其事地强调要推行精细化管理改革，并不惜投下重金，聘请知名管理咨询公司来给他们把脉。而领导自己的日常状态，却好像屁股上粘了胶一般，从来不肯走出办公室，来到同事们中间，睁大他自己的眼睛观察一下在前线同事和市场中，究竟发生了什么。更不要说作为公司的精神支柱，对变革施加什么影响力了。

有位朋友告诉我，他在一家银行的总部待了 2 年，从来没见过管理层到他们办公室走走。这不是有没有时间的问题，而是意识与文化的扭曲。当员工看不到上层身体力行，为建立一种新秩序，弘扬一种新文化率先垂范，做出实实在在的努力时，他们心里很难燃起希望之火，并且会觉得：在这种人的治理下，企业的一切所谓“变革”都是经过层层粉饰，用来自欺欺人的。最终，这个企业或团队的生产力不仅难以得到提高，还可能因为无谓的折腾而下滑。

当一种建立文化的决心，通过上层以制度的形式确立下来时，所带来的深远影响不仅能起到“使好的更好”这样锦上添花的功效，还能产生化腐朽为神奇的巨大能量。

众所周知，委内瑞拉是一个盛产美女的地方。但大家有没有想过，为什么一个人口仅有 2600 万的南美小国，能够赢得 60 多次国际选美大奖，其中还包括 6 次环球小姐和 5 次世界小姐，获奖数列世界各国之首，而且不止是女孩子漂亮，甚至就连男人也普遍英俊潇洒？

原来，除了来自地中海、北欧与当地血统的混合以及整容等因素外，对“美”的特别向往其实早已通过制度成为这个国家的一种文化。

委内瑞拉一位官员曾经说过，“在我们国家的女性中，流传着这样一个说法：宁愿去死，也不要丑陋。由此可见她们对美丽的向往。”这个国家每年举行的选美比赛数不胜数，名目繁多，街道上总是充满了挥舞标志、高喊口号的美女迷们。每年的选美比赛成为国内最大的庆典活动之一，超过半数的人会通过电视观看比赛，一旦谁在比赛中脱颖而出，就将得到民族英雄般的追捧，这使“成为世界小姐”变成了绝大多数女孩子从小的梦想。国家为了巩固这一文化，在委内瑞拉首都加拉加斯斥巨资建造了一栋粉红色建筑，被当地人叫做“美女学校”，高薪聘请行业专家对蜂拥而至的女孩们进行魔鬼训练。这种资源的投入，迅速拉动了这个行业，并使原本默默无闻的一个小国，一跃成为世界闻名的地方，其“美女”的知名度甚至超过了他们国家的优势资源——“石油”，这种自上而下通过制度、政府高层以及社会各界积极参与，共同形成的强大文化，值得我们深思。

贯彻文化战略的方法

在实际操作中，为打造文化而推行的新制度或新举措，常常会受到公司某些保守势力的抵触，这是一种旧习惯与新方法的抗争。文化的积累和弘扬离不开每一个人的积极参与，那么假如有同事从心底并不认同，你会怎么办呢？

主管的监督永远不可能是无孔不入的，就像中央的一个要求，出发点本来是好的，可是到了地方，可能就完全变了个样，原因就在于操作中，有太多的地方是管理的盲点，有太多灵活操作的空间，也不可能养足够多的人进行监督。还是老问题：怎么办？

其实，这个空间的存在，非但不是坏事，反而是发挥员工创造力所必需的。只不过,任何行为一定要有个边界。当年,美国人开始尝到了自由经济制度创造巨大财富的甜头后,坚定地认为政府不需要对社会经济活动有任何干预,有一支无形的市场之手进行自我调节,就足够了。直到出现了20世纪30年代末的大萧条,胡佛政府竟仍然天真地认为,金融危机会自然而然地过去,结果复苏没有到来,等来的却是竞选连任的失败。那么美国受益多年的制度到底出了什么问题呢?根源在于缺少必要的监管,由此引发了日趋严重的行业垄断以及资本市场的不诚信等一系列恶果,最终发酵出国家始料不及的经济泡沫。浮云退去,美国经济一泻千里。

从某种程度上讲,当时的美国心浮气躁,不善于学习,也是经济危机的成因之一。其实早在18世纪初,英国就通过了一项法案——"泡沫法案",当时的背景同样是经济泡沫严重,股市不断崩盘,政府无计可施,万般无奈之下干脆下令关掉股市,并且这一关就是100年(想想看,假如今天我国关掉A股市场,将会怎样)。它的近邻法国做得更绝,由于发现有银行借贷给公司去炒股,触及了监管底线,索性下令禁了"银行"一词达150年之久。这些做法看起来有些激进,放在今天也未必都适用,但这些故事背后的理念与精神,却很是值得我们认真领悟的。

这些国家的公务员们,深知管理或干预的重点不在于对操作中具体问题的纠结,比如,插手企业的业务范围或经营方法。政府的英明,在于通过严刑峻法建立一个边界,保证企业做的事均运行在由制度所划定的范围之内,任何违反制度的行为必将付出高昂的成本。但是,在不可触碰的红线以内,却有着企业和个人充分发挥的空间。这一点,在深圳等国内特区建设中也得到了很好的印证。

当然，划定这个范围需要很高的政策水平，这也是造成国家或企业间竞争力高低差异的一个重要因素。“一松就乱，一紧就死”的现象，常常让决策者举棋不定，进退两难。那么，究竟有哪些好的方法，可以帮助我们为企业或团队划定一个合理的制度边界呢?

一个屡试不爽的秘方是通过研究行业的本质，来分析我们的管理关键点，并判断哪些是细枝末节的问题，从而形成管理制度的边界。成功的管理制度，在于能够激励企业商业模式的创新，而模式创新的前提，正是源于对行业本质的深入理解。与此同时，这种对行业本质的洞察与理解，反过来又为管理制度的科学建立提供了素材和依据。

二流的管理者，常把太多精力花在了探讨现有模式下工作效率如何提高。结果往往是头趴得过低，却疏忽了方向的正确与否，忙前忙后，时间浪费在了行政类的琐碎事务上，到头来在最应该花心思仔细琢磨的模式创新问题上毫无建树。

我们知道，如今北京的燕莎，上海的第一百货已经失去了昔日的风采，取而代之的，是人头攒动的 ZARA 和 H&M 等洋牌子，虽其品牌本身远算不上什么大牌，却已悄悄成为服装业中最赚钱的公司。他们不用大牌的设计师，也不在布料上做文章，却每每能够获得大众的青睐，究竟是什么原因呢?

原来，正是他们，准确把握住了所在行业的本质，即谁能缩短从设计到终端零售这段前导时间，谁就能占领市场的制高点。为此，他们公司的各项制度，统统是围绕加快物流速度展开的，而其他的内容统统不在他们的考虑范围内，甚至包括人工成本：他们不在乎工人的月薪是 2000 元还是 3000 元，以至于工厂车间全部放在高人力成本的欧洲或美洲。当我们的民族服装企业还在颇费心机，制定各种纷繁复杂的操作规程和管理办法“监督”员工时，人家却通过紧握行业本质所设立的特色企业制度，正创造着商业奇迹：一件衣服从西班牙母公司开始设计，到远跨重洋出现在上海的淮海路门店，仅需要 15 天，而这个时间在其他服装企业常常要花去一个季度(平均水平)。就是这种“极速盈利”的模式，让本不具备先发优势的他们后来居上，一跃成为行业的老大。

这个事例发人深省，它告诉我们，作为企业的管理者，该如何确定制度的边界，进而使企业上下迸发出巨大的发展动力。

本人推崇环境的适当宽松，但同时也追求管理边界的明晰。因为太多教训让我们认识到，一旦这个底线被打破，“环境红利”将瞬间化为乌有。保持这样的一个制度边界的方法，就是采取极其严格的监督处罚机制，让所有胆敢破坏规则铤而走险的人，付出沉痛代价，让大家对规则的遵守逐渐变为一种习惯。

新加坡是亚洲最富庶也是社会秩序最好的国家之一，为什么？因为政府下决心通过严刑峻法，规范人民的行为，让所有不文明的人害怕。那里的鞭刑，是目前世界上很少见的一种酷刑，鞭子是用藤条制作的，一鞭下去便皮开肉绽，令受刑者生不如死。

曾有一名美国男子，在新加坡的一处公共场所涂鸦，被法官判处鞭刑 6 鞭。在当时，此事件甚至造成了新加坡和美国的一个外交小摩擦。美国政府曾出面，连施压带求情。新加坡总理说：“看在美国的面子上，减去 2 鞭，但必须执行 4 鞭!”后来这个美国人说：“我永远都不会忘记新加坡，我屁股上的印记大概一辈子也消褪不去的。”

为了规则的庄严，新加坡人不惜暂时牺牲同一个亲密国家的重要关系，这就是该国抢劫偷盗等事件非常少的关键原因。由此形成的文化和良好治安环境，为国家带来了更多投资与商业机遇，保证了经济的长期发展。

经常能听到一些领导说“执行不到位，关键是执行力”之类的话，也能见到不少企业在成本控制上绞尽脑汁，抑制分公司一把手利用“小金库”恣意挥霍，其实，一个国家的治理也是一样。如果地方反贪部门归当地政府管理，而非作为独立的第三方直接报告给中央，那么，在众多一把手控制下，怎么可能反他们的腐？制度不给力，怎么执行？

当然，话又说回来，制度建立后，没有严刑峻法的真正落实，那它就是一纸空文。假设一个极端情景：哪天政府忽然说，贪污一经查实，抓一个枪毙一个！有谁还敢肆无忌惮大搞贪腐呢？

有研究人士建言，不妨学学美国和新西兰等国家，着力建立健全“预算法案”，预算必须做细，计划中的每一项开支需全部列明，可能最后长达几百页，但也要写进去。之后每季度或半年，组织人力，将各地的财政支出严格地与预算一条一条地核对，发现问题，立即问责。如此坚持下去，这项制度必将逐步变成清廉的文化而保持下来。

在企业上市前，都有一个尽职调查的环节。其实每一家企业都应进行尽职调查，真正下决心查下去，所谓黑幕深水什么的，将难觅藏身之处。例如，商业银行属于高负债行业，几乎所有的钱都来自于客户，所以，高诚信成为经营管理中超越其他一切的最高准则，越来越受到重视。众多银行纷纷在制度中规定了管理的红线，设立合规、内审、法务等众多部门进行内部制约，再加上外部监管机构的监督，才形成了今天具有行业特色的制度与文化基础。

再一次我要说，制度不是对什么都要严格管理。甚至从一开始，它的出现就是为了打破事无巨细什么都管的局面。其宗旨是创造出一种适合企业的文化，充分发挥员工活力和创造力。

到这里，文化的大话题让我们小聊了一通，简要地涉及文化是什么、文化的作用、产生文化的动力来源、制度与文化的关系以及如何建立文化等方面的内容。希望能给广大朋友带来一些新的思维与方法。

团队是企业的细胞，制度往往是通过最高决策层下决心后自上而下的推动开始的，又随着基层员工在实践中的探索和创新而不断优化，逐步生成与完善的。在这样一个互动反复的过程中，思想的光芒一次次绽放出绚丽的色彩。

文化没有最好，只有最适合，它可能永远没有一个一成不变的答案或固定的模式可被直接复制。也正因为如此，才出现了百花齐放殊途同归的效果：我们看到了美国西部牛仔的自由文化，也看到了德国传统严谨的日耳曼文化；我们见识了苹果公司的创意文化，也目睹了高盛银行内部的竞争文化。这些国家和企业的共同点，就是洞悉了文化的本质，通过打造适合内部并顺应时代的制度，极大地提高了自己的竞争力，创造出一个又一个的辉煌。

历史的车轮滚滚向前不会有一刻停歇。宏观上，时代赋予了每一个企业相同的发展机遇，但把握这个机遇，则需要企业真正掌握行业本质，以先进的制度为基石，以与制度边界相配套的严格监督为推手，以逐渐形成的文化为燃料，这些都是缺一不可的前提条件。

科技的日新月异，带来了知识的爆炸式增长。与20世纪80年代相比，人们更聪明了，我们的眼界变得更开阔了。各行业新知识的整合推开了人类新一轮技术革命的窗户，也催生了越来越多新的产业。信息已经如黄金一般，成为了新时代的“货币”。在今天，谁能更善于通过学习，掌握行业本质，运用新的思维和手段去理解并开发市场，形成自己的强大文化，谁便能有更大的机会开创新的商业模式，由“小企”发展成“大企”，由“大企”升级为“强企”，并从此走上充满生机的健康发展之路。

让我们共同努力，为这个激动人心的美景而奉献自己这一份力量。

后记｜又是一个春天

写完《敢说你懂营销管理》时，窗外早已春意盎然，终于得空在周末陪家里人去西湖边走走。经过雷峰塔，越过玉皇山，瞧见莺飞柳长、翠色欲滴，好一派万象更新、生机勃发！

从去年深秋至今，经历了无数个兴奋或是焦虑的夜晚，终告一段落。在此期间，女儿琦琦正一天天健康快乐地成长，现在已经快 10 个月了。每周末回杭州看到她时，都是那么地惹人疼爱，天真童稚的样子常常逗得全家笑声不断。

作为长期浸泡在营销管理这个行业的我而言，深知有太多人在这其中摸爬滚打渴望成功。自己最大的愿望就是能把看到过的，实践过的有用的东西，拿出来与更多的人分享。

当走访中亲眼见到一些分行运用了这些思想使业绩获得快速提升时；当授课时亲手将这些方法教予学员且之后他们因业绩出色得到升职加薪时；当一些机构在实践后发现"管用"并再次邀请我去给他们演讲时，我都深深地感到，自己的一切付出是那样的值得。

完成了这本著作，算是对自己此前经历的一次小结。接下来，我丝毫不敢有任何倦怠，将继续投入到实践中去探索营销管理的新模式与新方法，因为对于企业而言，可能永远没有"最好"的答案。2013 年的“两会”召开后，国家出现了崭新的风貌，新一届领导人将更加坚定地推行各项改革。可以预期，广大中小企业和民营企业在今后将焕发出越来越大的活力，这对我也提出了新的挑战：如何因地制宜地帮助这些企业提高营销管理的水平，进而提升他们的综合竞争力，这将是我下一步的研究方向。

在本书出版之际，我要衷心感谢上海交通大学出版社各位领导与编辑为本书出版所付出的汗水，他们的敬业与专注是我不能忘记的。我也想借此机会特别感谢我银行的总监、零售银行管理专家吴雅萍女士一路来对我的指导与启发，虽然她将于近期调任香港，但这位良师益友的人格魅力会一直影响着我。

最后，还是要将祝福留给你——我的读者。你在书中收获的每一份快乐与帮助，都是我最开心的事。同时，也希望你将宝贵的意见或建议毫不吝惜地告诉我。您可以直接给我发邮件：zhangxuanrong0302@hotmail. com，tonyzhang0302@gmail. com；或通过微信（微信号：Tony629548）与我联络。

谢谢你们，后会有期。

张轩荣

2013年3月于上海 陆家嘴